Ostalb

zwischen Remstal, Brenz und Ries

OSTALB

zwischen Remstal, Brenz und Ries

Ein Bildband über die Region Ostwürttemberg

Text von Hermann Baumhauer

Fotos von Albrecht Brugger, Karl Eberle

Hermann Hägele, Bernhard Hildebrand

Rolf Lindel, Robert Saur u. a.

Konrad Theiss Verlag Stuttgart und Aalen

Fotonachweis

Baumhauer jr., Aalen: 48
Baur, Aalen: 58
Eberle, Schwäbisch Gmünd: 5–7, 10–12
Hägele, Leinzell: 2, 70, 94–98
Hildebrand, Aalen: 22, 44, 51, 52, 55, 56, 59–62, 64–66, 68, 73–76, 82, 89, 90, 92, 93, 101
Landesbildstelle Württemberg, Stuttgart: 3, 8, 79
Landesdenkmalamt Baden-Württemberg, Stuttgart: 81
Liersch, Oberkochen: 46
Lindel, Heidenheim: 1, 18–21, 24–33, 35–39, 41–43, 47, 63, 77
Luftbild Brugger, Echterdingen: 4 (2/10157), 9 (2/22114), 34 (2/15703), 45 (2/31040), 49 (2/34407 C) 50 (2/34404 C) 67 (2/26011), 69 (2/25297), 84 (2/22273), 87 (2/15715), 91 (2/15719), Umschlag (2/25297 C)
Maier, Ellwangen: 85, 88
Pabst, Holzhausen: 17 (Luftbild B/2671)
Saur, Aalen: 23, 71, 83
Schweiger/Furtwängler, Zeiss, Oberkochen: 72
Sperle, Aalen: 53, 54
Stadtmessungsamt Schwäbisch Gmünd: 13
Weigle, Gschwend: 99, 100
Werner, Oberkochen: 78, 86

Konzeption: Hans Schleuning
Gestaltung: Rolf Bisterfeld

ISBN 3 8062 0118 8

Satz und Druck:
Grafische Betriebe Süddeutscher Zeitungsdienst, Aalen
Printed in Germany

Dieses Buch besucht den östlichen Teil der Schwäbischen Alb mit ihrem Vorland zwischen Welzheimer Wald, Virngrund und Ellwanger Bergen. Das Gebiet ist von außergewöhnlicher Vielgestaltigkeit. Seine landschaftlichen Eigenschaften lassen Anmut und Herbheit, Idyll und Monumentalität nahe beisammen wohnen. Aus seinen Höhlen stammen die ältesten plastischen Kunstwerke, die Deutschland besitzt. Seine Siedlungsgeschichte kennt den Neandertaler und die ersten Ackerbauernkulturen, den römischen Limes-Gutshof und den alamannischen Reihengräberfriedhof. Von ihm nahm das Königs- und Kaisergeschlecht der Staufer seinen Ausgang, und die Karte seiner Kunstdenkmäler weist neben Namen von europäischem Klang eine überraschend große Zahl besuchenswerter Punkte auf. Da im 19. und 20. Jahrhundert die industrielle Entwicklung dem abseits der Ballungszentren gelegenen Gebiet ein vielseitiges und ausbaufähiges Wirtschaftsbild gegeben hat, stellt dieses Bayern benachbarte Land einen Lebensraum dar, in dem Arbeitsfreude und Lebensfreude eine Heimat finden und bewahren können.

Markantestes Merkmal des Gebiets, dessen größter Teil seit Jahresbeginn 1973 dem Ostalbkreis zugehört, ist der Steilrand der Schwäbischen Alb. Vom Rosenstein über Heubach bis zum Nördlinger Ries bildet diese Traufseite des Mittelgebirges eine mauerhafte, nordostwärts gerichtete Diagonale, die langsam von 780 m auf 650 m abfällt und deren großzügige Linien die Panoramen zwischen Schwäbisch Gmünd, Aalen und Bopfingen auf immer neue Weise auszeichnen. Auf immer neue Weise – hier liegt der besondere Reiz dieses vielbesuchten Wander-, Ski- und Segelfliegergebiets. Denn so sehr dieser Albtrauf sich von fernher als Scheidewand ausnimmt, so überraschend erweist er sich aus der Nähe als eine von Bergvorsprüngen und Buchten, Halbinseln und Nischen lebhaft modellierte Schichtstufenlandschaft, die von Tälern und Einschnitten aufgeschlossen wird. Dem Trauf vorgelagert sind zwei reizvolle, durch Geschichte und Vorgeschichte berühmt gewordene Einzelberg-Landschaften: im Westen die Dreiergruppe der „Kaiserberge“ Hohenstaufen (603 m), Rechberg (707 m) und Stuifen (757 m) zusammen mit dem vom Albkörper abgetrennten Bergstock des Kalten Feldes (781 m) und im Osten der 668 m hohe Ipf und der 628 m hohe Baldern.

Hinter den Kammlinien des Albtraufs fällt das Albhochland in südöstlicher Richtung zur Donau hin ab, keineswegs als eine langweilige Hochfläche. Die „abgeflachte Tafel“ gleicht weit eher dem in gelassener Bewegung erstarrten Gewell großzügiger Formen, dessen Horizonte weiträumige Landschaftsausschnitte rahmen. Das Albhochland der Ostalb wird von der fast zur Einheit gewordenen Talfurche des Kochers und der Brenz in zwei Landschaften geschieden, die alte Namen tragen: Albuch und Härtsfeld. Beiden ist gemeinsam, daß herrliche Wälder sie auszeichnen. Die eindrucksvollsten Höhen des Albuchs sind das Rosensteinmassiv (699 m) über Heubach und der Volksmarsberg (743 m) bei Oberkochen, Attraktionen der Hochfläche bilden das Wental und das Steinheimer Becken. Die höchsten Marken des Härtsfelds sind der Grünenberg (732 m) über Aalen und der Ohrengipfel (652 m) südlich von Trochtelfingen. Als flachwellige Kuppen- und Schüssellandschaft mit dem Kunsthöhepunkt Neresheim fällt das Härtsfeld unmerklich nach Süden ab, um bei Dischingen Anschluß zu finden an das waldreiche Ackerland der „Jungen Pfalz“. Das geologische Kuriosum des Härtsfelds säumt seinen nordöstlichen Rand: der Kessel des Rieses, dessen Fruchtbarkeit die freie Reichsstadt Nördlingen aufblühen ließ und im Dreißigjährigen Krieg zum Schicksal eines weiten Umlands wurde.

Christian Friedrich Daniel Schubart (1739–1791), der in Aalen aufwuchs, schrieb von der Umgebung der kleinen freien Reichsstadt, sie biete durch ihre „Flüsse, Weiher, Wälder, Gebirge, dem Gefühlvollen reichen Stoff zum Genusse der Natur". Als er 1776 in seiner „Teutschen Chronik" vom Waldbruder Franz im Kollmannswald bei Bartholomä berichtete, sah er vor dessen Hütte junge Rehe spielen in einer Landschaft, deren „schreckliche Einsamkeit" dem Wanderer „fürchterlich" ist. Wer heute vom „Wandern in Gottes freier Natur" spricht, hat, wie Schubart, Naturlandschaft vor Augen: Berg und Tal, Feld und Wald, Wasser und Gestein. Gewordenes und Wachsendes also, nicht aber den Zwecken des Menschen dienstbar gemachte Kulturlandschaft. Auch die Ostalb ist in allen Winkeln erschlossene und verwandelte Landschaft. Daß sie an manchem Platz noch ihrem ursprünglichen Charakter nahe ist, ist ein Geschenk des Landschaftschutzes. Oder ein Geschenk auf Abruf.

Die Verwandlung einer Naturlandschaft ist ein Prozeß von Jahrtausenden, abhängig von den geologischen, geographischen und klimatischen Gegebenheiten und den Bedürfnissen einer menschlichen Kulturstufe. Natur gibt Chancen und setzt Grenzen. Beide verbergen sich bereits im Unterbau einer Landschaft: in ihrer geologischen Struktur.

Die Gesteine des schwäbischen Albkörpers bildeten sich vor rund 180 bis 130 Millionen Jahren aus Ablagerungen des Jurameers. Die Jurazeit gehört dem Erdmittelalter zu, in dem die warmen Meere Europa überschwemmten, in langen, wechselvollen Zeiträumen Schicht auf Schicht absetzend. Die Geologie unterscheidet drei große Formationen: den Schwarzen Jura oder Lias, den Braunen Jura oder Dogger, den Weißen Jura oder Malm. Jede dieser drei Formationen wird in sechs Schichten unterteilt und mit griechischen Buchstaben bezeichnet. Da jede Schicht ihre besondere Entstehungsursache, Zusammensetzung und versteinerten Fauna- und Florarelikte hat, ist der Wechsel der Schichten nicht nur ein Eldorado für Sammler von Versteinerungen (Petrefakten); er ist auch bedeutsam für die menschliche Nutzung. Baugebiete und Straßenführung, Bestockung und Landwirtschaft müssen mit ihm rechnen.

Der Jurazeit folgte die Kreidezeit. Sie beendete das Erdmittelalter, wurde in vielen Gebieten der Erde grundlegend für die Ausbildung der Tier- und Pflanzenwelt und dauerte rund 75 Millionen Jahre. Aber die vom Jurameer gebildete, zu Stein gewordene Schichtenfolge blieb davon unberührt. Sie lagerte noch horizontal in der Erde. Ihre Stunde kam erst im Tertiär, als die Erdneuzeit begann und unsere Welt vor rund 70 bis 40 Millionen Jahren ihr heutiges Aussehen gewann.

Im Tertiär falteten sich die Alpen. Der gewaltige Druck von Süden her fand in den Juraschichten ein Widerlager, an dem sich alles staute. Die Juraschichtplatte verbog sich dabei zum Wellenberg. Aber sie hielt stand und wurde im Norden einseitig gehoben, eine mächtige, schiefgelagerte Scholle, deren Täler ihr Wasser der Ur-Donau zuführten. Als dann, ebenfalls im Tertiär, zwischen Vogesen und Schwarzwald der Rheintalgraben einbrach und der tiefer als die Donau liegende und darum gefällstärkere Rhein das Neckarsystem sich ausbilden ließ, begannen die Flüsse von Norden her die Jurascholle abzutragen.

Ihr Werk ist der Albtrauf. In rund 30 Millionen Jahren wurde er von den heutigen Fildern bis zur Diagonale der Gegenwart zurückgedrängt. Und er weicht noch immer zurück, Jahr für Jahr um zweieinhalb Millimeter. Die Neckarzuflüsse verlegten dabei ihre Quellen immer weiter südwärts. Schließlich gruben sie den Zuflüssen der Ur-Donau das Wasser ab und

bildeten das seltsam faszinierende Relief der wasserführenden und trockengelegten Täler der Ostalb aus.
Was dann während und nach dem 600 000 Jahre dauernden Eiszeitalter (Diluvium) weiter geschah: Klimawechsel und innere Verwerfungen der Albschichten durch tektonische Beben, die mechanische Abtragungsarbeit der Gewässer und die zur Verkarstung der Alb führende chemische Zersetzungstätigkeit des kohlesäurehaltigen Regenwassers, das alles erlitt und erlebte seit rund 80 000 Jahren bereits der Mensch. Denn die Ostalb hatte das Glück, bei allen vier Eisvorstößen gletscherfrei zu bleiben.
So lassen sich bei einer geologischen Nord-Süd-Wanderung durch das politische und geographische Gebiet mit dem Namen Ostalb vier Zonen unterscheiden, von denen jede ihre spezifische Farbe im Landschaftsbild und ihre besondere Bedeutung für die Kultur-, Sozial- und Wirtschaftsgeschichte hat.
1. Das Keuperbergland, das von den Albflüssen Rems, Kocher und Jagst, der Lein und tiefen Seitenbächen angeschnitten wird. Älter und darum tiefer liegend als die Juraschichten, aufgebaut aus leicht modellierbaren Sandsteinen und fetten Mergeln, kennzeichnet der Keuper das nördliche Gebiet des Ostalbkreises, das zum Schwäbisch-Fränkischen Wald und zu den Frankenhöhen überleitet. Waldreiche Rücken und Kuppen, Klingen und Mulden, Sickerwasser und Stauseen, Pilz- und Beerenreichtum und interessante Pflanzengesellschaften machen diese Holzkammer zum Erholungsgebiet. Bäuerliche Rodung versuchte hier ihr Glück erst im späten Mittelalter. Wo sie keine Lias-Inseln fand, mußte sie sich mit Einödhöfen bescheiden. Dafür entschädigte der Keuper das Gewerbe mit Fege- und Bausand. Auf seine verkehrsfeindliche oberste Schicht, die Rutschböden des Knollenmergels, ist freilich der Straßenbau ebenso schlecht zu sprechen wie der Hausbau.
2. Der Schwarze Jura oder Lias. Er beherrscht das Vorland vor den ersten Albbergen und begleitet den Weg der Flüsse in den Keuper. Seine fruchtbarsten Ackerplatten liegen auf den Höhen: nördlich der Rems vor dem Welzheimer Wald, auf der Frickenhofer Höhe zwischen Hohenstadt und Gschwend, im Virngrund um Neuler, Röhlingen und Pfahlheim. Hier wurde früh gesiedelt. Stattliche Bauerndörfer in waldlosen Breiten deuten Kornkammern an, zahlreiche Wege eine gute Erschließung. Ziegeleien und Töpfereien verweisen auf Mergel und Tone. Aus grauen Schwarzjura-Sandsteinen meißelten die Steinmetze der Johanniskirche und des Heiligkreuzmünsters von Schwäbisch Gmünd Figuren und Friese, Fensterlaibungen und Gesimse.
3. Der Braune Jura oder Dogger, der als mächtige Schicht von Tonen und Sanden die Vorhügelzone und den Albanstieg aufbaut. Der Opalinuston seiner untersten Schicht bildet das ebene, schwerbödige Durchgangsland zu Füßen der Alb, in seiner zweiten Schicht liegen die Eisenerzflöze, die zusammen mit dem Bohnerz und dem Holz die Anfänge der Industrie im Kocher-Brenztal ermöglicht haben. Und die felsigen Schichten des gelblichen Personatensandsteins lieferten Baustoff für viele Kirchen, Schlösser und Bahnhöfe. Die neuere Geologie bezeichnet die beiden unteren Schichten des Braunen Jura, Opalinuston und Eisensandstein, als die „Aalener Stufe“ oder Aalenium.
4. Die Schichten des Weißen Jura oder des Malms formieren den Steilabfall, die Hochfläche und den sanften Südabfall der Ostalb. Felskränze und Felsklötze, wie sie den Rosenstein schmücken und im Mittelalter gern als Burgsockel benützt wurden, Steinhalden und aufgeforstete Hänge sind die Merkmale der obersten Traufseite. Die Hochalb hat steinige, doch fruchtbare Böden. Ihre erstaunlich frühe Besiedlung verdankt sie ebenso dem Laubwald wie einem nicht allzu harten

Klima. Eine große Zahl von Steinbrüchen zu beiden Seiten des Brenztals erinnert an geschliffenen Juramarmor vom Härtsfeld, an Schnaitheimer Bausteine, die sogar zum Bau des Wiener Rathauses verwendet wurden, an die vielen Lastwagen mit Straßenbaumaterial und an den Zementstaub über Mergelstetten. Höhlen, Erdfälle und Trockentäler sind bekannte Karsterscheinungen der Heidenheimer Alb. Nördlich von Giengen markiert die „Klifflinie“ die alpinen Schuttablagerungen des Molassemeeres, das hier im Miozän seine Grenze hatte zu einer Zeit, als vulkanische Kräfte die mittlere Alb erschütterten und auf dem Albuch das Steinheimer Becken und am Härtsfeldrand das Ries entstanden, sei es, daß Meteore sie trafen oder Explosionen sie aufrissen.

Natur gibt Chancen und setzt Grenzen. Wie hat der Mensch sie genutzt oder überwunden? Wie wurde der Naturraum Ostalb zum Lebens- und Kulturraum?

Die Fernblicke von den Höhen des Rosensteins gehören zu den freiesten der Alb. Nach Südwesten demonstrieren die „Kaiserberge“, Bernhardus und Kaltes Feld, nach Nordosten die Bergvorsprünge und Mulden des Steilabfalls die Abtragungs- und Verwerfungsgewalten der Naturmächte, und die Vogelschau über das meerhaft weite, flachwellige Vorland nördlich der Rems ruft Fluggefühle wach. Doch nachhaltiger als die schönste Aussicht fasziniert heute wie je eine Inschrift der Kleinen Scheuer die Phantasie: „Hier lebte der Mensch der Eiszeit.“

Die Kleine Scheuer ist eine Wohnhöhle des Menschen der jüngeren Altsteinzeit in der sonnenseitigen Südweststirn des Rosensteins. Da man auf der weitläufigen Berghalbinsel auch noch einer geschmeidig ausgeschwemmten „Großen Scheuer“, dem spitzbogig geöffneten „Haus“ und der Tropfsteinhöhle „Finsterloch“ begegnet, in denen ebenfalls menschliche Spuren gefunden wurden, da man zudem Ringwälle einer 90 Hektar umfassenden hallstattzeitlichen Fliehburg und die Ruine einer mittelalterlichen Ritterburg vorfindet, gewinnt auf diesem Berg die Frage nach den Schichten vergangenen Lebens fühlbare Gegenwärtigkeit. Hier ist einer jener einzigartigen Plätze der Ostalb, auf denen ein Relikt der Zeiten das andere nach seiner Bedeutung zu befragen scheint.

Der Rosenstein ist nur eine unter vielen vorgeschichtlichen Fundstätten der Ostalb. Deren älteste und ergiebigste Zone sind die Höhlen des Lonetals südlich von Herbrechtingen; den rätselhaftesten Fund steuerte die Ofnethöhle am nordöstlichen Härtsfeldrand bei, und ihr vielschichtigster, Steinzeit und Metallzeiten miteinander verklammernder Fundbezirk ist das Land um den Ipf. Zieht man auch die bronzezeitlichen Grabhügel in Betracht, so erweisen sich das ganze Vordere Ries von Tannhausen bis Bopfingen, das ganze Härtsfeld und der östliche Albuch als eine unausgeschöpfte Fundgrube der Vorgeschichte. Vorzügliche Orientierungshilfe bieten drei eindrucksvolle Sammlungen an: das Museum für Vor- und Frühgeschichte auf Schloß Hellenstein in Heidenheim, das Nördlinger Museum und die Prähistorischen Sammlungen in Ulm.

Der Besucher des Rosensteins kommt zum Lonetal über das Albuch-Hochland zwischen Lauterburg und Bartholomä. Er könnte keine sachbezogenere Anfahrt wählen. Die windoffene Weite von Ackerland und Heideflächen; die von Grabhügeln durchsetzten Wälder; das bizarre „Felsenmeer“ des Wentals, dessen ausgewaschene Dolomitblöcke, Erdfälle und trockener Boden die unaufhörliche Verkarstung der Alb vor Augen führen; dann der waldfreie Kessel des Steinheimer Beckens, eines urzeitlichen Süßwassersees; die strenge Großzügigkeit der Felderbreiten um Gerstetten; der weite Blick vom Hel-

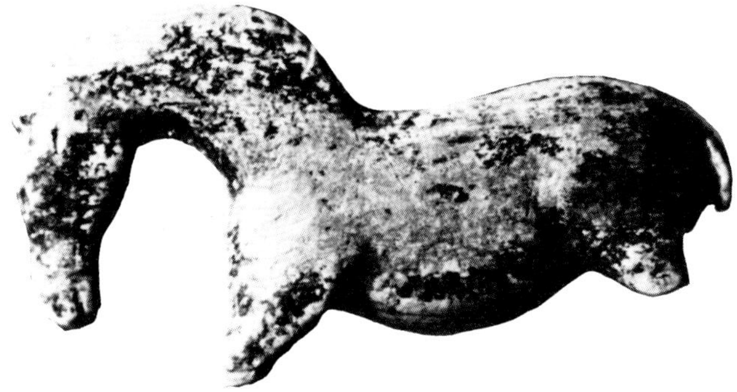

denfinger Kliff über die von tertiärer Meeresmolasse bedeckte Hochfläche; die Einsamkeit siedlungsarmer Strecken und schließlich auch so fremdartige Namen und Erscheinungen wie Hungerbrunnen, Trockental, oder Sprudelkalkfelsen: die Summe solcher Unterwegseindrücke ist, so sehr sich inzwischen die Landschaft verändert hat, noch immer die eindringlichste Einweisung in die Daseinsbedingungen der Großwildjäger, die im Lonetal ihr Leben fristeten.

Die Lone, einst ein wasserreicher Fluß, bot gleich der Brenz während der letzten Eiszeitperiode den streifenden Wildbeutern alles, was sie für ein primitives Leben brauchten: Jagdwild, das zur Tränke kam, Holz für die Feuerstelle, Schutz in den Höhlen der Weißjurafelsen, Steinmaterial für die „Steinzeitschmieden", Wurzeln, Beeren und Kräuter. Die ältesten Menschenspuren im Lonetal sind rund 60 000 bis 80 000 Jahre alt; wie die Funde der Heidenschmiede am Hellenstein und in der Irpfelhöhle bei Giengen gehören sie der älteren Altsteinzeit zu. Es waren wohl Gruppen vom Neandertaler-Typus, die damals hier Jagd machten auf Hirsch, Elch und Ren, Ur und Wisent, Bär und Wildpferd, Mammut und Wollnashorn; Knochen dieser Tiere machen die tiefsten Fundschichten aus. Vor vielleicht 30 000 bis 40 000 Jahren folgte dem Neandertaler der wahrscheinlich aus dem Osten kommende Typus des Homo sapiens diluvialis nach. Durch ihn, den Altmenschen der jüngeren Altsteinzeit, ist das Lonetal weltberühmt geworden.

Die wichtigsten Wohnhöhlen des heute ausgetrockneten Lonetalabschnitts liegen unweit von Stetten ob Lontal nahe beisammen. Für eine erste Überraschung sorgte schon 1862 der aus Lorch stammende Geologe Oscar Fraas, als er in der Bärenhöhle des Hohlensteins über hundert Schädel von Höhlenbären und eine Masse von Jagdwildknochen entdeckte. Zu einer europäischen Sensation wurde 1931/32 die Vogelherdhöhle: Gustav Riek förderte mit verschiedenen Kulturschichten der eiszeitlichen Jäger auch „Europas wertvollsten Diluvialschatz" zutage. Er bestand aus fünf kleinen Rundplastiken von Mammut, Wildpferd, Großkatze und zwei Rentieren aus Elfenbein sowie vier in Rentierknochen geschnittenen Halbreliefs von Bison, Mammut, Großkatze und einer menschenähnlichen Figur. Das Alter, das man diesen Kleinkunstwerken gibt, schwankt zwischen 25 000 und 30 000 Jahren. Das eindrucksvollste Stück dieses „Bildhauerateliers" aus der Morgendämmerung der Kunst ist das vollplastische Mammut, die Forschung bezeichnet es als „international nahezu konkurrenzlos".

Als dritter, für die Kenntnis des nomadisierenden Altmenschen bedeutender Fundplatz im Lonetal erwies sich die Bocksteinhöhle mit der Bocksteinschmiede, doch müßte noch mancher Name auch des Brenztals hinzugefügt und seine Fundschicht nach Alter unterschieden werden, vornehmlich im Raum von Giengen. Eine Grabungskampagne von Robert Wetzel und Otto Völzing im Stadel des Hohlensteins erlaubte 1936/39 erneut einen Blick in die mutmaßliche Vorstellungswelt unserer mittel- oder jungsteinzeitlichen Ahnen. Eine Kopfbestattung zeigte drei in Rötel gebettete, in die Höhle hineinblickende Schädel eines Mannes, einer Frau und eines Kindes. Die Erwachsenenschädel wiesen tödliche Verletzungen auf. Sie waren jedoch rituell bestattet worden, ebenso wie die 33 nach Westen orientierten Schädel der zwei rötelbestreuten Schädelnester, die schon 1908 von Robert Rudolf Schmidt in der Großen Ofnethöhle bei Nördlingen entdeckt worden waren: 9 Frauen-, 20 Kinder- und 4 Männerschädel. Waren sie rituell bestattete Opfer eines magischen kannibalischen Mahls? Viele Knochenfragmente Jugendlicher deuten auch im Lonetal auf Kannibalismus hin.

Noch der Ofnetmensch, der vor 6000 bis 10000 Jahren lebte, war Wildbeuter. Als Jäger und Sammler schweifte er nomadisierend der leichteren Beute und dem besseren Klima nach, ebenso Opfer der Natur wie Ausnützer der Natur. Das Land zu seinen Gunsten zu verändern, kam ihm noch nicht in den Sinn. Doch gegen 3000 v. Chr. änderte sich dies gleichsam von einer Weltminute zur andern: Kulturerrungenschaften des Vorderen Orients teilten sich durch Wanderungsbewegungen der jungsteinzeitlichen Bandkeramiker (3400 bis 1800 v. Chr.) aus den mittleren Donauländern auch der Ostalb mit. Der noch Steinwerkzeuge benützende Jäger wurde zum Tierzüchter. Er lernte auf dem Lößboden Getreide anzubauen, einfache Pfostenhäuser zu errichten und in Siedlungen seßhaft zu werden. Von etwa 2000 v. Chr. an gehörte die Zukunft allein dem seßhaften Hausbewohner, Ackerbauern und Viehzüchter. Durch ihn wurde der Naturraum zum Lebensraum, zur Heimat im ursprünglichen Sinn des Wortes.

Es ist vor allem der Goldberg am Riesrand, der zusammen mit dem Ipf die Stufen der künftigen Entwicklung durch mehr oder weniger fundreiche Siedlungsschichten dokumentiert hat. So wurden für die jüngste der drei steinzeitlichen Goldbergsiedlungen rund 45 unterkellerte Rechteckhäuser erwiesen; sie fielen möglicherweise zu Beginn der Metallzeiten Eindringlingen mit Bronzewaffen zum Opfer. In der frühen und mittleren Bronzezeit (1700–1200 v. Chr.) wurde auch die Alb besiedelt. In der Urnenfelderbronzezeit (1200–800 v. Chr.) bestanden Siedlungen in Heidenheim, bei Neresheim und Oberkochen, Dorfmerkingen und Ellenberg. Und als in der Hallstattzeit (800 bis 400 v. Chr.) der Eisenschmied den Bronzegießer ablöste, die Siedlungen auf dem Ipf und auf dem Goldberg durch Wallanlagen gesichert wurden, auf dem Buigen bei Eselsburg, bei Unterkochen und vor allem auf dem Rosenstein und seinen Nachbarbergen Fliehburgen entstanden, da war nach Auskunft der unzähligen Grabhügel unser Ostalbgebiet bereits weithin erschlossenes Land. Wahrscheinlich wurde schon jetzt auf Albuch und Härtsfeld sogar Bohnerz geschmolzen und verarbeitet. Wenn auch die dortigen Grabbeigaben bescheidene Verhältnisse ausweisen, so kann das Hellensteinmuseum doch prachtvolle hallstattzeitliche Keramik zeigen, die seinen Rang als bedeutende vor- und frühgeschichtliche Sammlung des Landes wesentlich mitbestimmt.

Als mit den Kelten der La-Tène-Zeit (500–400 v. Chr.) erstmals ein Volksname die Anonymität der vorgeschichtlichen Rassen und Stämme durchbrach, als ein hoher Kunstsinn, die Ablösung des Naturalienhandels durch das Geldwesen und nach Auskunft der vielen „Keltenschanzen" ein lebendiges Kultwesen eine hohe Kulturstufe kennzeichneten, da dürfte der heutige Lebensraum „Ostalb" zwar noch wenig aufgesiedelt, jedoch in allen seinen Teilen erkundet und mit Einzelgehöften durchsetzt gewesen sein. Mit Recht verweist Karl Bittel auf die Aussagekraft der Fluß- und Bergnamen: Alb, Ipf, Kocher, Jagst, Brenz, Lone, Egau, Donau sind keltische Namen. Wer benennt, ordnet Erfahrungen und gibt sie weiter. Weder Römer noch Alamannen sahen sich darum veranlaßt, keltische Namen zu beseitigen, von denen einige vielleicht schon seit der Hallstattperiode üblich waren.

Das römische Kaiserreich, das im letzten Drittel des ersten Jahrhunderts christlicher Zeitrechnung das keltisch besiedelte südliche Deutschland unterwarf, hat für dessen naturräumliche Erschließung Entscheidendes geleistet, indem es Straßen baute: Kunststraßen, die Bezüge herstellend und Sicherheit gewährleistend auch die verwaltungsmäßige Durchgliederung ermöglichten. Die

große Orientierungslinie bildete der Rätische Limes: eine von Gräben, Erdwällen, Palisaden und Wachttürmen gesicherte Grenzmauer, die den Norden des heutigen Ostalbkreis diagonal durchquerte.

Westliche Nahtstelle des Rätischen Limes, der die von Augsburg aus verwaltete Provinz Rätien schirmte, und des Limes der Provinz Obergermanien war Lorch im Remstal. Bei Hüttlingen überquerte der Limes den Kocher, bei Buch die Jagst und verlief, der natürlichen Schranke der Keuperhöhen angepaßt, der Wörnitz zu, um bei Eining vor Regensburg die Donaulinie zu erreichen. Kernstück seiner Verteidigung war das Kastell Aalen mit dem tausend Mann starken Reiterregiment der Ala II Flavia Pia Fidelis milliaria. Das Reiterregiment war „die fraglos wichtigste und vornehmste" der Limeseinheiten in Rätien. Es hatte von etwa 90 n. Chr. an seinen Standort zunächst im Lager Heidenheim (Aquileia) und ist bald nach 150 n. Chr. nach Aalen vorverlegt worden. Da jedoch das zur Etappe gewordene Heidenheim sich an der unbeschwerlichsten Albübergangslinie zum Gewerbezentrum entwickelte, da es außerdem zwischen den Militärstraßen Lorch – Aalen – Bopfingen (Opie) bzw. Göppingen – Urspring – Lauingen und Opie – Lauingen eine ausgeprägte Mittlerfunktion innehatte, ist die strategische Bedeutung Aalens wohl immer auch in Zusammenhang mit den Funktionen Heidenheims zu sehen.

Im Jahre 259 n. Chr. gelang es den germanischen Stämmen der Alamannen, den Rätischen Limes zu überrennen. Für die Ostalb endete damit eine kurze von mittelmeerisch geprägtem Leben berührte Periode der Frühgeschichte. Sie zu dokumentieren ist die Aufgabe des Limesmuseums Aalen. Rekonstruierte Wachttürme bei Lorch und Buch und Mauerreste suchen die Vorstellungskraft zu unterstützen, denn von den zivilisatorischen Errungenschaften Roms ist so gut wie nichts geblieben. Bis ins achte Jahrhundert hinein sank das Land wieder zurück in die Anonymität der Geschichtslosigkeit.

Berg-, Fluß- und Flurnamen, Sagen oder ins Niemandsland zwischen Mythen und Märchen eingegangene Ängste – es ist nicht viel, was von einer Periode der Vor- und Frühgeschichte jeweils der nächsten verblieb. So ist unser Wissen vor allem auf den Spaten des Archäologen angewiesen, aber auch dieser legt manchmal nur Rätsel frei. So konnte Bodo Cichy, Ausgräber des Römerlagers Heidenheim und der Frühschichten des Kirchhügels von Brenz, erweisen, daß das römische Heidenheim-Aquileia den Alamannensturm von 259 überdauert hat und wahrscheinlich noch um die Mitte des vierten Jahrhunderts mit Römern Kontakt hatte; wie anders sollte sich ein „ehestens um 350" dort vergrabener Münzhortfund erklären lassen? Wenn das zutrifft, könnte für den Kirchhügel von Brenz und seinen offensichtlich bedeutenden römischen Gutshof dasselbe gelten. Denn der Hügel bildete den leicht zu verteidigenden Sperriegel am Albübergang Kocher – Brenz zur Donaulinie, auf die sich die Römer nach bisheriger Meinung nach dem Zusammenbruch des Rätischen Limes zurückgezogen hatten.

Die kriegerischen Gefolgschaftsverbände der Alamannen, die im vierten und fünften Jahrhundert der „alamannischen Landnahme" Südwestdeutschland eroberten, wurden im fünften Jahrhundert seßhaft. Für ihre Feld-Gras-Wirtschaft bevorzugten sie die niedrigeren und ebeneren Teile der donauseitigen Alb, das Härtsfeld um Dischingen und Kösingen, das Ries, den Virngrund und das Albvorland. Hinweise auf diese erste Besiedlungsperiode sind die zahlreichen Ortsnamen mit der Endung -ingen. Da die Alamannen 496 in einer folgenschwer gewordenen Schlacht den Franken des

Königs Chlodwig unterlagen, verloren sie das Gebiet nördlich der Linie Hesselberg – Ellwangen – Asperg an fränkische Landnehmer, die die Ortsnamensendung -heim bevorzugten. Seßhaftigkeit ließ die Bevölkerung wachsen und machte Rodung und Neusiedlungen erforderlich. Doch die alamannische Landerschließung dieser „Ausbauzeit" begleitete der Schatten des fränkischen Alleinherrschaftsanspruchs.
Von der Mitte des siebten Jahrhunderts an umriegelte und durchkreuzte eine offensichtlich planvolle Anlage von fränkischen Militärsiedlungen den alamannischen Siedlungsraum. Auf der Ostalb orientierten sich diese neuen -heim-Orte an den ehemaligen römischen Verkehrswegen: dem Albübergang Kocher – Brenz und seinen Querverbindungen ins Ries und ins Filstal. 730 wurde das alamannische Herzogtum aufgehoben, im „Blutbad von Cannstatt" 746 der herzogstreue alamannische Adel ausgerottet und sein Besitz konfisziert. Aus der Konfiskationsmasse entstand fränkisches Königs- oder Reichsgut. Dieses wurde zielstrebig für drei Aufgaben verwendet: zur „Durchfrankung" Alamanniens mit frankenfreundlichem Adel, zur Riegelbildung gegen das unruhige Herzogtum der Bayern und zur Ausstattung von Klöstern, um das nunmehr in Grafschaftsbezirke eingeteilte Alamannien auch kirchlich nach fränkischem Vorbild zu organisieren und es als Basis für die nach Osten gerichtete Missionstätigkeit der fränkischen Karolinger zu benützen.
Mit den Daten dieser Vorgänge trat die Region Ostalb ins Licht der geschriebenen Geschichte. Als deren erstes Siegel sei hier die Galluskirche von Brenz angesprochen. Über den römischen Mauern des Kirchhügels errichtete der alamannische Ortsadlige um 650 eine dreischiffige hölzerne Urkirche, die rund fünfzig Jahre später nach einem Brand durch eine Steinkirche ersetzt wurde. Diese zweite Eigenkirche wurde um 746 konfisziert und ging als „Capella ad Prenza" in das Königsgut der Karolinger über. Nach erneutem Brand kam sie 895 an das Kloster St. Gallen, das sie von seinem Kloster Faurndau aus betreuen ließ. Die spätromanische, 1235 bis 1245 vollendete Säulenbasilika von heute, eines der bemerkenswertesten Kunstdenkmäler der Ostalb, das zusammen mit der Johanniskirche in Schwäbisch Gmünd und der Pfarrkirche in Faurndau zur Gruppe der „schwäbischen Schmuckkirchen" zählt, ist bereits der vierte Kirchbau über römischer Grundschicht. Die Schritte der Ostalb aus der Anonymität des frühen Mittelalters zur Kultur des hohen Mittelalters sind hier lückenlos belegbar. Alamannische Grabfunde in der Umgebung werfen durch das „Kreuz von Sontheim" mit der bisher ältesten Christusdarstellung der Region auch Licht auf die Frühzeit der Christianisierung.
Auch das erste und geschichtsreichste Kloster des Brenztals, das spätere Augustiner-Chorherrnstift in Herbrechtingen, entstand auf konfisziertem Boden. Es wurde um 774 von Abt Fulrad, dem Vorsteher der vornehmsten karolingischen Abtei St. Denis bei Paris, als Veranus- und Dionysius-Zelle gegründet und vor 784 von Fulrad zusammen mit einer noch nicht lokalisierten Zelle in Gmünd und der Vitalis-Zelle in Esslingen der Abtei St. Denis testamentarisch vermacht.

Im Tal der Jagst entwickelte sich um dieselbe Zeit das Benediktinerkloster Ellwangen. Aus einem adligen Eigenklösterchen, das um 764 von dem wohl fränkischen Edlen Hariolf und seinem Bruder Erlolf, Bischof von Langres in Burgund, ins Leben gerufen worden war, wurde es zu einer eifrigen geistlichen Zelle, die 817 zu den Reichsabteien zweiter Klasse zählte. Rodend und Zellen gründend erschloß das Kloster, das an der damals wichtigen „Nibelungenstraße" Worms – Wimpfen – Öhringen – Eichstätt lag, weite Teile des

Virngrundwalds, der ihm schließlich 1024 vom Kaiser als Bannforst überlassen wurde.
Nach den karolingischen Konfiskationen sammelte auch das Kloster Fulda viel Grundbesitz in der Ostalbregion. Es war erschlossenes Kulturland, das vornehmlich durch Schenkungen in seine Hand kam, zunächst im Riesbereich, dann auf Härtsfeld und Albuch, an Rems und Brenz. Mancher Ort des Gebiets erfuhr durch die Schenkungsurkunden an die fränkischen Hauptklöster Fulda und Lorsch seine erstmalige Nennung.
Nicht nur für das Mittelalter, sondern weit darüber hinaus wurde wegbestimmend, was in dieser Periode der zentralisierenden fränkischen Reichspolitik sich an Lebensstrukturen entwickelt hat. Das Land war vom achten Jahrhundert an christlich. Durch die damals erfolgte Trennung Roms von Byzanz und den Schutzauftrag, den das fränkische und in seiner Nachfolge das deutsche Kaisertum für die Kirche übernahm, entwickelte sich eine lateinisch-römisch geprägte christliche Kultur, der eine politisch-militärische Nord-Süd-Achse der kaiserlichen Reichspolitik entsprach. Träger der christlichen Kultur blieben für eine lange Zeit der Adel und seine monarchische Spitze, Lebens- und Machtgrundlage beider bildeten Grundherrschaft und Lehenswesen. Das Bestreben des Adels, grundherrliche Rechte auszubauen und die Notwendigkeit der königlich-kaiserlichen Reichsspitze, ihre lehensherrlichen Ansprüche zu behaupten, wurden in der Folge Leitthemen des politischen Lebens. Sie fanden im Ostalbraum ihren hochbedeutsamen Niederschlag, als das Geschlecht der Staufer die Reichsgeschicke übernahm.
Eingekeilt zwischen den Ansprüchen des Papsttums auf Unabhängigkeit vom Kaisertum des Heiligen Römischen Reiches in kirchlichen Angelegenheiten und den deutschen Adels- und Klostergruppen, die aus geistlichen oder eigennützigen Motiven auf päpstlicher Seite standen, belehnte Kaiser Heinrich IV. im Jahre 1079 Friedrich von Büren (Wäschenbeuren) mit dem Herzogtum Schwaben, das 917 in veränderter Gestalt wiedererstanden war. Damit begann der Aufstieg des Geschlechts, das sich nach seiner Stammburg „von Staufen" nannte, zur Königs- und Kaiserwürde. In Friedrich I. Barbarossa (1152–1190) und Friedrich II. (1215 bis 1250) brachten die Staufer ihre größten Gestalten hervor, mit der Hinrichtung Konradins, des letzten Herzogs von Schwaben, im Jahre 1268 in Neapel nahm die staufische Periode ihr Ende. Der Papst-Kaiser-Konflikt, die Kreuzzüge und die Bestrebungen vieler Kräfte, die Reichsgewalt des Kaisertums und die Zentralgewalt des Königtums zu schwächen, beherrschten in vielfältiger Verflechtung das Bild der Zeit. Die Ranken reichischer, aristokratischer und kirchlicher Interessen überkreuzen daher die Initiale des staufischen Geschichtsabschnitts auch in unserer Region in einer zuweilen kaum entwirrbaren Weise. Aber sie wurde zum Signum einer fruchtbaren Epoche.
Die Klöster blühten auf. 1102 stiftete Herzog Friedrich I. von Staufen das Benediktinerkloster Lorch, dessen romanische Kirche 1140 zur Grablege des staufischen Hauses bestimmt wurde. Im Chorherrnstift St. Ulrich und Afra zu Neresheim, das 1095 durch Graf Hartmann von Dillingen gegründet worden war, richteten sich 1106 Benediktinermönche ein. Am Eingang in das romantische Eselsburger Tal riefen die Pfalzgrafen von Dillingen-Lauterburg kurz nach 1113 das Benediktinerkloster Anhausen ins Leben. Auf dem Steinhirt im Steinheimer Becken stifteten die Herren von Albeck 1190 ein Augustiner-Chorherrnstift; schon 1171 hatte Kaiser Friedrich III. das Stift Herbrechtingen den Augustiner-Chorherrn übergeben. Das freiherrliche Benediktinerkloster Ellwangen schließlich, dessen Äbte 1215 zu Reichsfürsten wurden und jetzt auch

Angehörige des niederen Adels in ihrem Konvent hatten, erlebte seine Hochblüte. Es krönte seine „staufische Periode" mit der größten gewölbten romanischen Pfeilerbasilika Schwabens. 1233 geweiht, ist sie noch heute die geistliche Mitte Ellwangens, Fluchtpunkt der ummauerten Stadt, die in dieser Zeit Gestalt gewann. Ihr bescheideneres staufisches Gegenstück ist die Johanniskirche in Schwäbisch Gmünd, die als erste der „schwäbischen Schmuckkirchen" um 1210 begonnen wurde und dem Kloster Lorch unterstand.

Die Bautätigkeit der Klöster begleitete ein lebhafter Burgenbau. Das Bemühen von Kaisern und anderen weltlichen oder geistlichen Großen, durch Hingabe von Lehen an die Ministerialen niederadlige Gefolgschaften zu gewinnen, machte das staufische Herzogtum Schwaben nicht nur adelsreich, sondern auch burgenreich. Die meisten dieser Burgen nahm die Zeit dahin, ihre Ruinen sind zu gern aufgesuchten Wanderzielen geworden. Da das staufische Hausgut um Stammburg und Grablege vor allem auf die Sicherheit der Überlandwege angewiesen war, genüge es, die wichtigsten mit ihren ersten urkundlichen Daten anzuführen. An vorderster Stelle ist die Burg Rechberg (1179) zu nennen, die 1865 ein Blitz zerstörte und deren Bestimmung im Verbund mit Ramsberg, Staufeneck, Wäscherburg, Waldhausen, Lorch und Lindach zu werten ist. Den Albuchaufstieg bei Heubach deckten Burg Rosenstein (vor 1191, 1525 im Bauernkrieg zerstört) und die Feste Lauterburg (1128, Brandruine seit 1732). Den Aufstieg zum Härtsfeld und den Kochertal-Alb-Übergang schützte die Kochenburg (1136) bei Unterkochen, die 1648 von den Schweden zerstört wurde. Als stärkste Feste im Brenztal darf Burg Hellenstein (1150) über dem befestigten Burgweiler Heidenheim gelten. Ihr Burgherr, Degenhard von Hellenstein, war zur Zeit Barbarossas „Procurator" aller Königsgüter in Schwaben, vielleicht ein Hinweis auf die Wichtigkeit der staufischen Güter im Bereich von Giengen, die Barbarossa als Mitgift seiner Frau Adela aus dem Geschlecht der Vohburger erhalten hatte und die er nach der Scheidung nicht wieder herausgab. Auf dem Härtsfeld konnte die Burg Katzenstein (12. Jahrhundert) ihr mittelalterliches Erscheinungsbild bewahren, während die wichtigste staufische Ministerialenburg am Riesrand, die Feste Flochberg (1140) bei Bopfingen, 1648 ein Opfer der Schweden wurde. Auch der Ellwanger Abt bezog in staufischer Zeit eine Burg, den Ursprungsbau des heutigen Barockschlosses.

Durch eine Reihe kleinerer Burgen wurde der Weg Gmünd–Leintal–Kochertal geschützt. Das heutige Renaissanceschloß Laubach (1599) verweist dort auf einen Burgbau von 1122, und unweit von ihm blieb als einzige Turmhügelburg der Region bei Leinroden der Turm Luschenau oder Roden (1147) erhalten. Auf staufischer Grundlage steht auch Schloß Hohenstadt (vor 1235), das mit seiner Kirche zu den eindrucksvollsten barocken Architekturbildern des Kochertals gehört. Die nachstaufische Zeit der adligen Territorialherrn hat die Zahl dieser Höhenburgen vermehrt, der Bauernkrieg hat vielen das Leben gekostet, die Renaissance-Periode und erst recht der „Bauwurm" des Barock haben viele verändert oder durch großzügige Bauanlagen ersetzt. Als sehenswerteste Beispiele seien der Klosterbereich von Lorch, Burg Niederalfingen im Kochertal, ein Renaissancebau auf alter Grundlage, Schloß Ellwangen, die Abtei Neresheim, das Deutschordensschloß Kapfenburg und dessen Gegenüber Schloß Baldern genannt, während für den Heidenheimer Bereich Schloß Hellenstein, Schloß Brenz und die in waldreicher Landschaft gelegenen und im 19. Jahrhundert umgestalteten Thurn-und-Taxis-Schlösser bei Dischingen als Besuchsziele vermerkt seien.

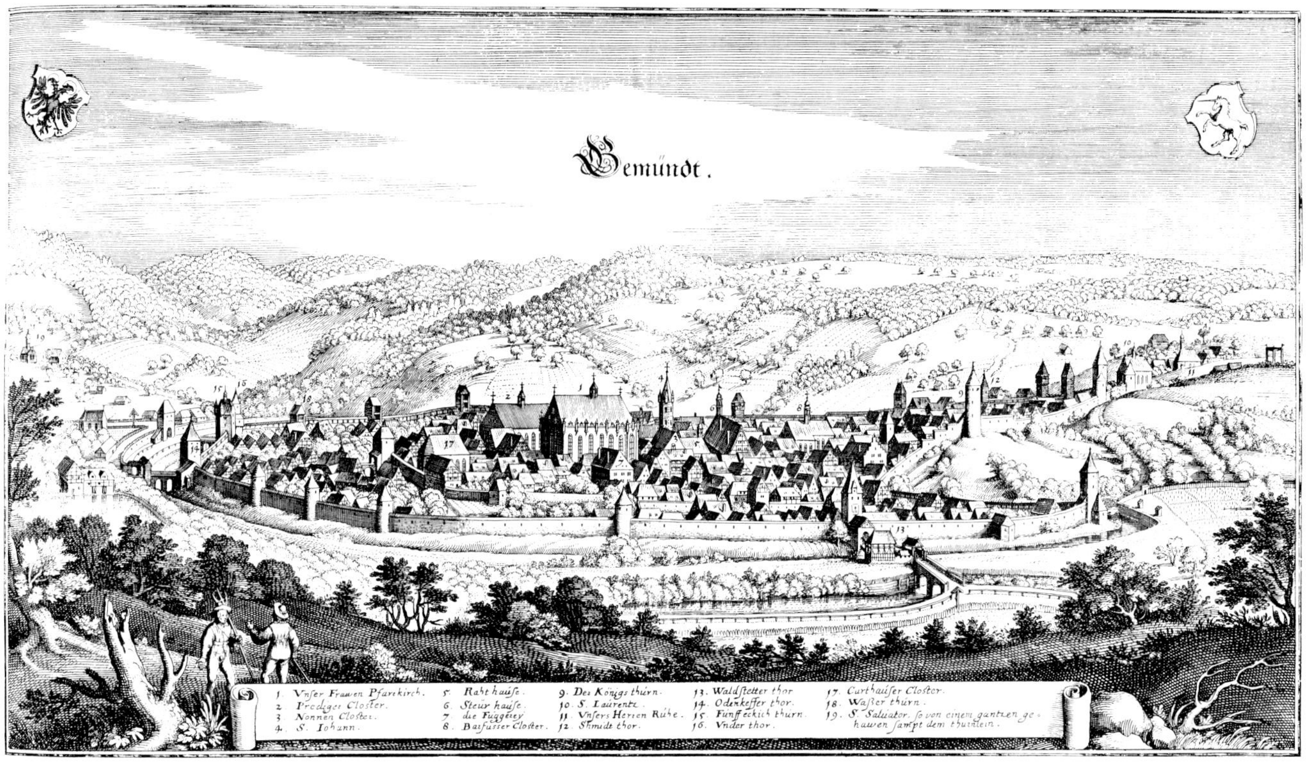

Mit den Burgen der Stauferzeit erhielt die Ostalb ihre ersten Städte. Auch sie hatten Schutzauftrag: für Verwaltung, Markt und Gewerbe. Als ummauerte Lebensräume waren sie Stützpunkte in territorialen oder reichischen Sicherungssystemen, in denen zugleich neue soziale Einheiten zu stadtbürgerlichem Selbstverständnis heranreifen konnten. Und für den Fernhandel bedeuteten sie Rastpunkte an beschwerlichen, noch völlig unzulänglichen Verkehrswegen.

Als die erste staufische Stadtgründung in Schwaben gilt Schwäbisch Gmünd. Es wurde mit Göppingen vor 1162 von Friedrich I. Barbarossa gegründet, offensichtlich als Verwaltungsmittelpunkt im staufischen Stammland, als Steuerquelle und zum Schutz der Remstalstraße. Daß die Stadt zu Ende der Stauferzeit eine sehr hohe Steuerkraft hatte, läßt auf ein rasches Aufblühen schließen; die ungünstigen landwirtschaftlichen Bedingungen ihrer Markung forderten ja zu reger Gewerbetätigkeit und Handelsbemühungen heraus, wobei seit dem 14. Jahrhundert den Sensenschmieden ein guter Ruf zustatten kam. So wartete denn auch nach dem Untergang der Staufer ein nimmersatter Nachbar vor den Toren: das Haus der Grafen von Württemberg. Gleich den Rechbergern blieben die Württemberger scharfäugige Beobachter der freien Reichsstadt für die kommenden dreihundert Jahre, in denen das klosterreiche Gemeinwesen sein Territorium vergrößern, seine mittelalterliche Blütezeit mit der bedeutenden Hallenkirche des Heiligkreuzmünsters krönen und seine Sicherheit durch einen bis 1870 bestehenden Mauerring festigen konnte.

Bopfingen, eine staufische Stadtgründung des zwölften Jahrhunderts, Reichsstadt seit 1242 und im Mittelalter respektierte „Stadt der Gerber und Leimsieder“, behauptete sich als die kleinste unter den schwäbischen Reichsstädten schlecht und recht neben der großen Rivalin Nördlingen, die ihm als große Marktstadt den Handel wegnahm, auf deren Wohlwollen es aber angewiesen blieb. Denn auch dem Bopfinger Rat verriegelte ein im Ries- und Härtsfeldgebiet mächtiger Territorialherr die Haustür: das gräfliche, später fürstliche Haus Öttingen. Bis 1764 konnte der Öttinger auch die Vogtei über das Kloster Neresheim behaupten. Ebenso hatte er die Schirmherrschaft über das Zisterzienserinnenkloster Kirchheim am Ries inne, das 1267 von den Öttingern gestiftet worden war und seinerseits das kirchliche Patronatsrecht in Bopfingen besaß.

Aalen, freie Reichsstadt erst seit 1360, ist wohl bald

nach 1241 als Haftpunkt an der staufischen Interessenlinie Gmünd–Bopfingen gegründet worden. Seine kleine Gemarkung zwischen den drei mächtigen Nachbarn Abtei bzw. Fürstpropstei Ellwangen und den Häusern Öttingen und Württemberg hindurchzulavieren, wurde ihm zwar erleichtert, weil keiner von den dreien dem andern Machtzuwachs gönnte. Aber die Einengung brachte es mit sich, daß Gewerbe und Kulturansprüche sich bis zum 19. Jahrhundert nur in sparsamem Zuschnitt entwickeln konnten.

Anders Giengen, das sich im 13. Jahrhundert vom ummauerten staufischen Burgweiler zur Stadt gemausert hatte und von 1307 an zu den schwäbischen Reichsstädten gerechnet wurde. Dank der Nähe des mächtigen Ulm konnte es sich, als ihm von 1332 bis 1401 die Grafen von Helfenstein und fünfzig Jahre später die württembergische Herrschaft Heidenheim die Selbständigkeit streitig machten, energisch rühren und auch zum Gegenschlag ausholen. Eine gute Landwirtschaft und ein ersprießlicher Tuch- und Zeugmachereihandel mit Ulm, Günzburg und Augsburg gaben dem selbstbewußten Bürgergeist Rückhalt.

Eingespannt zwischen rivalisierenden Territorialinteressen und in ewiger Geldnot befindlicher Reichskasse, war den freien Reichsstädten das Leben nicht leicht gemacht. Die Absicherung der Selbständigkeit durch Städtebündnisse, in deren Gremien die Ostalbstädte mit Ausnahme Gmünds zu den Hinterbänklern gehörten, kostete viel Geld. Die bürgerlichen Lasten und Pflichten waren nicht gering, und die Reglementierung des privaten Lebens und Fortkommens durch Behörde, städtische Aristokratie und Zunftordnungen war in einer freien Reichsstadt ebenso ausgeprägt wie in „unfreien Herrenstädten". So regierte nach früh ausgestandenen Spannungen der geistliche Stadtherr Ellwangens seine Stadt mit mildem Krummstab. Ein erschlossenes, verwaltungsmäßig gut durchgliedertes bäuerliches Hinterland erlaubte nach der Umwandlung des Benediktinerklosters in ein Chorherrnstift (1460) dem Fürstpropst eine gewisse Großzügigkeit, die sich vor allem in einem kunstreichen Stadtbild niederschlug. Gleiches gilt für Lauchheim, das seit dem 14. Jahrhundert Stadtplatz der Deutschordenskommende Kapfenburg war. Beide, Fürstpropstei und Deutscher Orden, haben für die kirchliche Kunst ihrer Herrschaften Grundlegendes geleistet.

Von 1268, als mit dem Staufer Konradin auch das Herzogtum Schwaben erlosch, bis zur napoleonischen Zeit, als die Reichsstädte zusammen mit den säkularisierten geistlichen Herrschaften dem Herzogtum und späteren Königreich Württemberg einverleibt wurden, bestand die Region Ostwürttemberg aus einem Mosaik kleiner Herrschaften. Großen politischen Ehrgeiz hatten sie, das Haus Württemberg ausgenommen, nicht. Da das Gewerbe auf sichere Straßen, die Märkte auf die Kaufkraft des Bauernlandes angewiesen waren, war man zufrieden, wenn das Land Frieden hatte und die Ernte gut ausfiel; örtliche Streite gab es ohnedies genug, vornehmlich durch Verkäufe und Verpfändungen im Raum Heidenheim–Herbrechtingen–Giengen. Doch der leichten Albüberquerung und der Fruchtbarkeit wegen wurde die Ostalb wiederholt auch von der großen Politik heimgesucht. So im Schmalkaldischen Krieg 1546, als Kaiser Karl V. die Vereinigung der zur Reformation Luthers sich bekennenden Reichsstädte und Herrschaften bei Giengen zersprengte. Und erst recht im Dreißigjährigen Krieg, als 1634 die evangelisch-württembergische Herrschaft Heidenheim Aufmarsch- und Versorgungsbasis war für die Truppen der Schlacht von Nördlingen, der Schicksalsschlacht der Ostalb, von deren Folgen Bopfingen sich nicht mehr erholte, die Aalen und Giengen fast ausgelöscht hat,

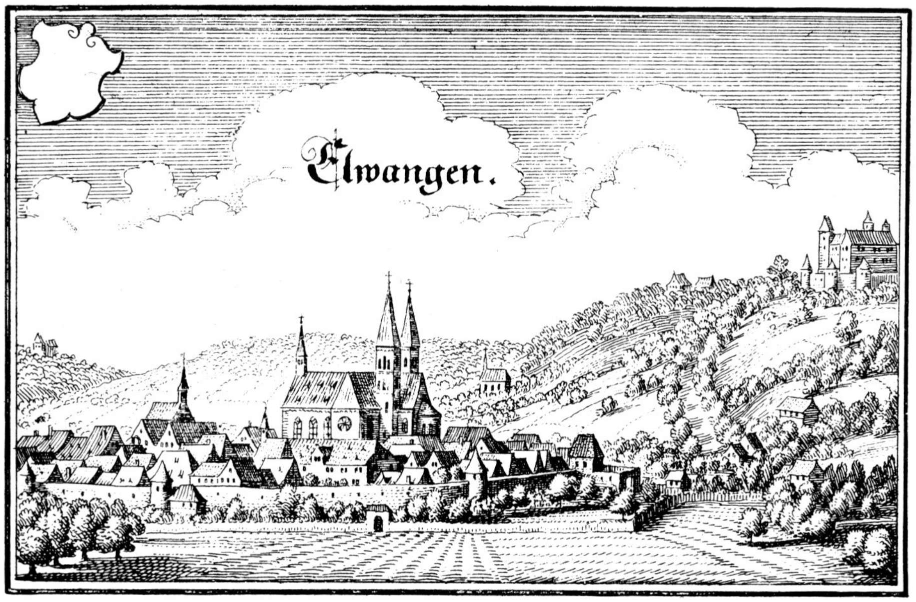

Heidenheim der Pest und langer Notzeit auslieferte, das Stift Herbrechtingen niederbrannte und weite Gebiete des Vorderen Rieses und des Härtsfelds entvölkerte. An der Konfessionskarte änderte die Heimsuchung nichts. Die Reichsstadt Gmünd blieb mit den geistlichen Gebieten Ellwangen und Neresheim katholisch, während die Reichsstädte Aalen, Bopfingen und Giengen, die württembergischen Herrschaftsbereiche Heidenheim, Herbrechtingen und Lorch, die wöllwarthische Herrschaft Essingen-Lauterburg und die limpurgischen Orte Adelmannsfelden, Untergröningen und Gschwend sich zur Reformation bekannten. Die konfessionellen Trennungslinien belasteten zwar in der Folge die nachbarlichen Beziehungen und schlossen die evangelischen Gebiete vom Kunsteifer der Barockzeit aus, aber das Regierungsprinzip im Mosaik der kleinen „Territorien" war nach der Zäsur des Dreißigjährigen Krieges dasselbe wie zuvor: die kleinen Inseln so gut wie möglich zu nützen und so ertragreich wie möglich zu machen.

Ein Mittel dazu war die gewerbliche Auswertung der Bodenschätze, der Wasserkraft und der spinn- und webfähigen landwirtschaftlichen Produkte. Die Initiale dieses zur modernen Industrie überleitenden Kapitels schrieb das Zisterzienserkloster Königsbronn. 1303 gegründet und durch die Gunst der Habsburger zu einem ansehnlichen Besitztum an oberer Brenz und auf dem Albuch gekommen, erhielt es 1366 – ein Jahr nach Heidenheim – von Karl IV. das Privileg, Eisenerz zu graben und zu verhütten. Seine Eisenschmitten in Itzelberg und Königsbronn blühten im 15. Jahrhundert auf. 1598 in württembergischen Besitz übergegangen, hatten sie teil am Aufschwung der Heidenheimer Schmelzofenvorstadt, wurden 1634 zerstört und erfuhren im späten 18. Jahrhundert eine großzügige Wiederbelebung, die der vom Ingenieurwesen so leicht faszinier-

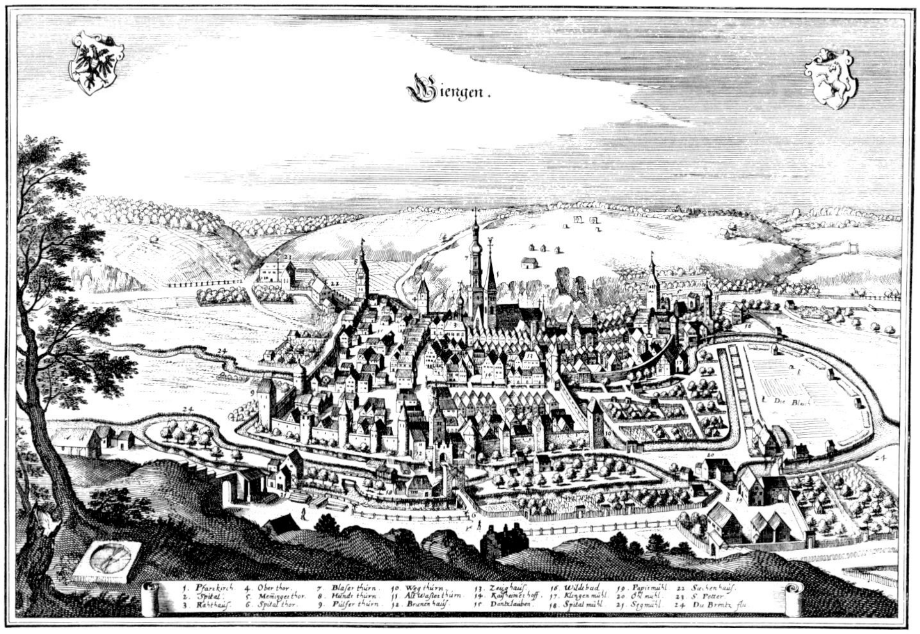

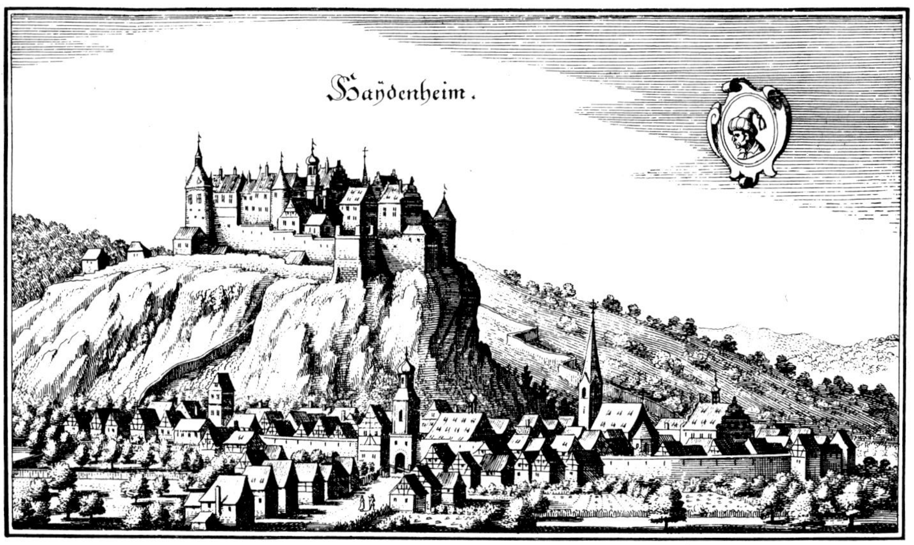

baren Barockwelt als ein Wunder der Vernunft erschien.

Von den andern Herren, die seit dem 14. Jahrhundert nach Erz schürften, war nur der Propst von Ellwangen in gleicher Weise erfolgreich. Er konnte 1635 am Braunenberg einen Stollen eröffnen, 1668 in Wasseralfingen einen Hochofen errichten und 1671 das Wasseralfinger Hüttenwerk begründen – drei Ursprungsdaten eines Unternehmens, das zum Ausgangspunkt der industriellen Metallerzeugung und Metallverarbeitung und damit der Hauptindustrie des Gebietes wurde. 1802 ging mit der Herrschaft Ellwangen auch das Wasseralfinger Hüttenwerk in württembergischen Besitz über.

So konnte sich, nachdem die 1802 eingeleitete politische Vereinheitlichung die politischen Voraussetzungen dafür geschaffen hatte, im 19. Jahrhundert zwischen den Industrieplätzen Heidenheim–Königsbronn und Wasseralfingen jene „Kocher-Brenz-Achse" herausbilden, die sich heute über Giengen nach Niederstotzingen fortsetzt und in jüngster Zeit in Ober- und Unterkochen eine bedeutsame Verstärkung erfuhr. Es kann kein Zweifel darüber bestehen, daß die zur Intensität gezwungene Wirtschaftsweise der kleinen Herrschaften wesentliche Vorbedingungen für diese Achse erschlossen hat. Aber es wäre wohl kaum möglich geworden, in diesem Mosaik einander widerstreitender Interessen und Rechte jene Schritte zu tun, die erst eigentlich seit den dreißiger Jahren des 19. Jahrhunderts die mittelalterlichen Lebensstrukturen überwanden: Zollschranken abzubauen, Gewerbefreiheit zu ermöglichen, Straßen- und Schienennetze anzulegen, die Alb mit Wasser zu versorgen, notleidende Zonen zu fördern und dem Kredit- und Bankenwesen jene Rolle einzuräumen, auf die das in größere Versorgungs- und Wettbewerbszusammenhänge hineinwachsende Gewerbe in immer stärkerem Maße angewiesen war.

Während im Zuge dieser Wandlungen die Lage des kaum 2000 Seelen zählenden Städtchens Aalen eine bemerkenswerte Aufwertung erfuhr, kam Schwäbisch Gmünd lange Zeit zu kurz. Seit dem 17. Jahrhundert hatte dort das Edelmetallgewerbe eine ruhmreiche Stellung erworben, jedoch zu einer einseitigen und krisenanfälligen Wirtschaftsstruktur geführt. Erst in den späten dreißiger Jahren des 20. Jahrhunderts gelang es, diesem Notstand durch die Ansiedlung einer Autozulieferungs- und Leichtmetallindustrie zu begegnen. Durch den Zuzug der heimatvertriebenen Gablonzer Glaserzeugungs- und Glasverarbeitungsbetriebe in Schwäbisch Gmünd, durch das Aufblühen der schon seit dem 19. Jahrhundert bemerkenswerten Miederindustrie in Heubach und durch eine Reihe von Textil-, Bekleidungs- und Holzbetrieben erfuhr auch der Gmünder Wirtschaftsraum eine zeitgemäße Vielgestaltigkeit.

So wird, wer heute die „romantische Alb der Höhlen, Burgen und Petrefakten" besucht, jenen dynamischen Prozeß nicht übersehen dürfen, der das zeitgenössiche Leben der ganzen Region kennzeichnet: die Auseinandersetzung von Altem und Neuem, von Traditionen und Kräften der Veränderung oder Ablösung. Der Prozeß kennzeichnet die meisten Gemeinden der Region und wird noch lange andauern, einmal des Nachhol- und Anschlußbedarfs wegen, ebenso aber auch aus Gründen geistiger Wandlungen, die in Lebenswünschen und Lebenszuschnitt neue Stellenwerte schaffen, je industriebezogener ein Ort ist, desto rascher und auffälliger. Auch das Verhältnis zur Natur, zum „Freizeitwert" einer Landschaft, ist davon betroffen. Die dadurch ausgelösten Aktivitäten mehren sich erfreulich; Wanderparkplätze, Skilifte, Pisten und Freibäder, Waldpfade, geologische und naturkundliche Pfade sind heute in vielen Werbeschriften zu finden.

Die Bilderfolge dieses Buches beginnt mit dem Land der „Dreikaiserberge“ und ihrem städtischen Zentrum Schwäbisch Gmünd. Aus zweifachem Grund. Mit dem Namen der Staufer gewann das geschichtliche Leben der ganzen Region Ostwürttemberg feste Konturen und bildete Bezugslinien aus, die bis heute wirksam blieben. Und als gemeindlicher Organismus verkörpert Gmünd die für die meisten Ostalbstädte gültige Maxime des Wirtschaftens: trotz beschränkter natürlicher Hilfsmittel aus wenig viel zu machen.

Unter den freien Reichsstädten der Region war und blieb Gmünd die selbstbewußteste. Nicht aus Geltungsbedürfnis allein, sondern weil sich die Komponenten seines bürgerschaftlichen Selbstverständnisses bis ins späte 19. Jahrhundert hinein immer wieder als „modernisierbar“ und schöpferisch erwiesen: Gewerbefleiß, Kunstsinn, religiös geprägte Sozialarbeit und Schulbildung. Ihre Früchte bestimmen auch die spezifisch gmündische Atmosphäre der weit über ihre alten Grenzen hinausgewachsenen, rund 60000 Einwohner zählenden Hochschulstadt der Gegenwart, die nach wie vor ihre Mitte hat in dem alle Stile umfassenden Denkmäler-Ensemble des staufischen Stadtkerns um Johanniskirche und Prediger, Münster und Augustinuskirche, Rathaus, St. Franziskus und Spital. Da der Gmünder seit eh und je sich durch lebendigen Kontakt mit dem Umland auszeichnet, gehören die Wallfahrtsberge Hohenrechberg und Bernhardus, die alte Wegemarke Reiterleskapelle, die Segelfliegerschule vom Hornberg und das Wintersportzentrum Kaltes Feld gleichsam organisch mit zum Jahreskreis gmündischen Lebens. Daß infolge der erhöhten wirtschaftlichen Bedeutung der Ostalb auch die traditionelle Verbindungsfunktion des Remstals und damit auch Schwäbisch Gmünds eine entwicklungsfähige Aufgabe darstellt, erweisen die Zahlen des Pendler- und Güterverkehrs.

Das Rosensteingebiet um Heubach, durch das unser Buch den Aufstieg zum Albuch wählt, ist eine Welt für sich. Hier drängen sich die Naturschönheiten der Ostalb am dichtesten zusammen. Den Werktag der kleinen Textilindustriestadt bestimmt die große Zahl der Einpendler, an den Wochenenden ist sie eine Freizeitschleuse par excellence für den Albuch, auf dem sich das Skilauf-Zentrum Hirtenteich-Lauterburg und das Erholungszentrum Bartholomä und Amalienhof mit erstaunlicher Energie entfalten. Das Wental, die Steinheimer Heide, die Waldnischen um Anhausen, Eselsburger Tal und Lonetal benennen das Kapital, das es auf Albuch und Heidenheimer Alb zu heben gilt, und die Wegrichtungen der Industriependler deuten den nächstliegenden Einzugsraum dieser Naherholungslandschaft an: die Industrieachse Brenztal-Kochertal, die dichtestbesiedelte Zone der Ostalb. Ihre Schwerpunkte sind der Raum Heidenheim – Giengen und Aalen – Wasseralfingen mit Oberkochen.

Heidenheim nennt zwei Bauwerke als seine Wahrzeichen: die Ruine des Renaissanceschlosses Hellenstein, hinter der sich das um die Volksschauspielkunst verdiente Naturtheater eingerichtet hat, und das neue Rathaus, das einen Stadtraum von 52 000 Einwohnern eindrucksvoll repräsentiert. Es ist nicht minder stolz darauf, Stadt der Fechtmeister zu sein und Leistungszentrum für modernen Fünfkampf zu werden. Aber jenseits der Kreispfähle sind es weit mehr die Namen Voith, Hartmann und Zoeppritz, die der Stadt ihren Ruf verschafft haben. Das frühe industrielle Beispiel Heidenheims, einer der gewerbereichsten Städte Württembergs im 18. Jahrhundert, hat im 19. Jahrhundert sich dem ganzen Brenz- und Kochertal als belebende Kraft mitgeteilt. Die Entwicklung seiner Maschinenbau- und Textilindustrie ließ im 20. Jahrhundert die Stadtsiedlung dem Albuch entgegenwachsen, und wirkten sich eine unzulängliche Eisenbahn und ein unterentwickeltes Straßennetz nicht seit langem als hemmende Faktoren aus, so wäre die Regionalachse Kochertal–Brenztal längst zu einer Landesachse Aalen–Heidenheim–Giengen–Ulm geworden. Denn seitdem die Steiff-Plüschtiere aus Giengen ein Weltbegriff geworden sind, ist auch Giengen zu einem lebendigen Industrieplatz herangewachsen, und am Kocher entwickelte sich seit 1946 durch die Ansiedlung der Optischen Werke Carl Zeiss die Dorfgemeinde Oberkochen zu einem Stadtwesen voller Dynamik.

Im Stadtraum Aalen zeigt das „Freizeitangebot" der Albuch- und Härtsfeldwälder, das die Kochertalachse auszeichnet, seine großzügigsten Aspekte. „Aalen könnte nicht schöner liegen", rühmte schon ein Schriftsteller der empfindsamen klassizistischen Zeit. Damals entwickelte sich das Hüttenwerk Wasseralfingen zum namhaftesten Industriebetrieb im Königreich Württemberg, klassizistischer Geist belebte dort auch den altellwangischen Eisenkunstguß aufs neue. Doch Aalen, heute Zentrum eines großen Verflechtungsraums und Verwaltungssitz des Ostalbkreises, verdankt seine Entwicklung der Verkehrsgunst seiner Lage. Die Eisenbahn, die Aalen zum Knotenpunkt der West-Ost-Linie Stuttgart–Schwäbisch Gmünd–Bopfingen–Nördlingen und der Süd-Nord-Linie Ulm–Ellwangen–Crailsheim machte und dadurch dem Nahverkehrsknotenpunkt alter Straßen eine neue Konzentrations- und Mittlerfunktion für die Region gab, ließ die Stadt wachsen. Sie wurde Standort einer vielgestaltigen Industrie. Durch gemeindliche Zusammenschlüsse der jüngsten Zeit betreut sie eine Gesamteinwohnerschaft von 51 000 Menschen in einer Markung, die Kochertalachse, Welland und das westliche Härtsfeld miteinander verklammert. So ist der Stadt, deren Festhalle seit langem den kulturellen Mittelpunkt eines weiten Einzugsbereichs darstellt, die 1963 eine Staatliche Ingenieurschule, heute Fachhochschule, erhielt und zahlreiche berufsbegleitende und sportliche Einrichtungen besitzt, ihre alte Funktion auch im neugebildeten Ostalbkreis treu geblieben.

Die letzte Bilderfolge dieses Bandes darf sich darauf beschränken, mit Schönheit zu werben. Die Ostalb geizt mit Superlativen, die große Phrase steht weder Land noch Leuten an. Doch es gibt wenig Regionen, die auf engem Raum so viel Schönheit der landschaftlichen Gestalt, der Pflanzen- und Kleintierwelt und der Kunst auf eine so abwechslungsreiche Weise vor Augen führen können. Dem bollwerkhaft auf dem Albtrauf lagernden Block der Kapfenburg steht die Pyramide des Höhenschlosses Baldern gegenüber, dem nackten massiven Kegel des Ipf die fruchtbare Weite des Rieses. Der gediegene stadtbürgerliche Kern von Bopfingen, in dessen Blasiuskirche ein spätgotischer Flügelaltar des Nördlinger Meisters Friedrich Herlin zu finden ist, hat ganz in der Nähe die hochgotische Kirche des ehemaligen Zisterzienserinnenklosters Kirchheim-Ries zur aristokratischen Partnerin. Auf dem Härtsfeld lehrt die Wacholderheide die Einsamkeit schätzen, und eine ansehnliche Zahl schöner Dorfkirchen rund um das Kloster Neresheim den Wunsch nach Verwesentlichung.

Hier freilich ist der Punkt, wo auch der Begriff Größe ins Spiel kommen muß. Es ist die Abteikirche des Barockbaumeisters Balthasar Neumann, die dies erfordert, denn zusammen mit den Gewölbemalereien des Tirolers Martin Knoller gehört sie zu den Hochleistungen des europäischen Barock. Von großer Art ist auch das Stadtbild von Ellwangen, der Stadt, die vom 19. Jahrhundert am härtesten zurückgesetzt wurde. Ihr barockes Bautenensemble um die romanische Basilika und die festliche Überhöhung der Altstadt durch das fürstpröpstliche Barockschloß und die Wallfahrtskirche auf dem Schönenberg, einer Mutterkirche des oberschwäbi-

schen Barock, machen die ehemalige geistliche Residenzstadt zur kostbarsten Stadtgestalt zwischen den Bürgerstädten Dinkelsbühl und Schwäbisch Gmünd.
Sind die Naturschönheiten, zu denen Ellwangen gewissermaßen den Schlüssel in der Hand hält, geringer zu werten? Die dunkelgrünen, seendurchsetzten Waldwogen der Ellwanger Berge, die die hochliegenden Äckerplatten des Lias umgrenzen und schon die Römer schreckten? Oder die Fernblicke zum Albtrauf und zur Dreikaiserberg-Landschaft, die man von Neuler oder Hohenstadt, von Gschwend oder von den Höhen bei Lindach und Alfdorf aus haben kann? Die Idyllen des Leintals haben ihre Freunde ebenso wie die hochgelagerte, windoffene Zugangszone zum Welzheimer Wald, und wenn einst ein Aalener Oberamtsrichter sein Volkslied auch „im schönsten Wiesengrunde" des Kochertals gedichtet hat, so hätte er es ebenso gut in Waldstetten tun können. Ein Rundblick wie dieser wird jedenfalls immer Lücken lassen müssen. Und bezöge er auch die Kunst mit ein, dann erst recht, denn dem reichen alten Kunsterbe steht heute auch in der Region Ostwürttemberg ein lebendiges Bemühen gegenüber, für verwandelte Lebensformen neue Kunstformen zu erarbeiten. Aber auch Stichworte reichen hin, die Lust am eigenen Entdecken zu ermutigen und die Freude zu beleben, hier daheim zu sein.

Erläuterungen zu den Textabbildungen

Vorderes Vorsatz: „Rosenstein bei Heubach". Lithographie von Eb. Emminger, 1860.
Seite 6: Jura-Fossilien.
Seiten 8/9: Elfenbeinschnitzereien der Jüngeren Altsteinzeit aus dem Lonetal.
Seite 11: Köpfchen mit Mauerkrone; Fund im Kastell Aalen. Sandstein. Bronzestatuette eines Jupiter, vermutlich aus dem Kastell Unterböbingen. Beide 2. Jh. n. Chr.
Seite 12: Vergoldetes Silberblechkreuz mit Christuskopf aus Sontheim/Brenz. Alamannisch um 700 n. Chr.
Seite 13: Reliquienkästchen aus der Krypta der Ellwanger Abteikirche. Westfränkisch, 2. Hälfte 9. Jh.
Seite 13: Johanniskirche Schwäbisch Gmünd, Südliches Torbogenfeld. Um 1220.
Seite 15: Die Reichsstadt Gmünd. Merian 1643.
Seite 16: Ev. Pfarrkirche Bopfingen, Rittergrabstein. Mitte 14. Jh.
Seite 16: Wappen der Reichsstadt Aalen von 1665.
Seite 17: Ellwangen, Merianstich nach Vorlage von Sebastian Münster aus dem Jahre 1549.
Seite 17: Die Reichsstadt Giengen. Merian 1643.
Seite 17: Heidenheim mit Schloß Hellenstein. Merian 1643.
Seite 18: Im Hüttenwerk Wasseralfingen, Mitte 19. Jh.
Seite 21: Schwäbisch Gmünd, Heiligkreuzmünster. Konsole um 1310.

1 Farbbild Hohenrechberg, eine staufische Ministerialenburg / Hohenrechberg, a Hohenstaufen ministerial castle / Hohenrechberg, un château-fort ministériel des Staufen

2 Vom Hornberg gesehen: die „Kaiserberge“ Stuifen, Staufen, Rechberg / View from the Hornberg: the “emperor hills” Stuifen, Staufen, Rechberg / Vue du Hornberg: les «monts impériaux» Stuifen, Staufen, Rechberg

3 Lorch. Chor der ehemaligen Klosterkirche, Grablege des staufischen Herzogshauses / Lorch. The choir of the former monastery church, tomb of the Hohenstaufen ducal dynasty / Lorch. Choeur de l'ancienne église du monastère, arbitrant les tombeaux de la maison des Ducs Staufen

4 Kloster Lorch, 1102 von den Staufern gestiftet, im Bauernkrieg zerstört, heute Altersheim / The monastery of Lorch, founded in 1102 of the Hohenstaufen dynasty / Couvent de Lorch, fondé en 1102 par les Staufen

5 Westfassade des Gmünder Heiligkreuzmünsters. Nach 1320 / West facade of the Heiligkreuzmünster in Gmünd. After 1320 / Façade ouest de la Heiligkreuzmünster de Gmünd. Après 1320

6 Turm der Johanniskirche in Schwäbisch Gmünd. Um 1210 / Steeple of the Johanniskirche in Schwäbisch Gmünd. Around 1210 / Le tour de la Johanniskirche à Schwäbisch Gmünd. Aux environs de 1210

7 Das Heiligkreuzmünster, ein Werk der Baumeisterfamilie der Parler, beherrscht das Bild des Stadtkerns der ehemaligen Freien Reichsstadt Schwäbisch Gmünd / The "Heiligkreuzmünster" a work of the Parlers, famous medieval family of architects / La «Heiligkreuzmünster», une œuvre de la famille de bâtisseurs Parler

8 Netzgewölbe des Münsterchors, 1491–1521. Durch Chorgestalt und Bauplastik wirkte das Parlermünster von Schwäbisch Gmünd weithin beispielgebend. / Latticed vault of the minster choir, 1491–1521 / Voûte du choeur de l'église, 1491–1521

9 Schwäbisch Gmünd, vor 1262 als staufische Stadt im Talgrund der Rems gegründet, ist weit über seine alten Grenzen hinausgewachsen und heute Sitz der Region Ostwürttemberg. Im Hintergrund der Hohenstaufen / Schwäbisch Gmünd, founded before 1262 as a Staufen town in the Rems Valley, has grown far beyond its old boundaries and is today the regional seat of East Württemberg / Schwäbisch Gmünd, créée avant 1262 comme ville des Staufen au fond de la vallée de la Rems, s'est agrandie bien au-delà de ses anciennes frontières et est aujourd'hui le siège de la région administrative du Wurtemberg Oriental.

10 Der „Prediger", ehemals Dominikanerkloster, das neue Kulturzentrum von Schwäbisch Gmünd / The "Prediger", former Dominican monastery, the new cultural center of Schwäbisch Gmünd / Le «Prediger», ancien couvent de Dominicains abrite le nouveau centre culturel de Schwäbisch Gmünd.

11 Detail aus dem „Prediger": Fresko des Malers Johann Anwander / Detail from the "Prediger": a fresco by the Master Johann Anwander / Détail du «Prediger»: fresque de Johann Anwander

NICHTSCHWIMMER

12 Im Sportzentrum von Schwäbisch Gmünd: Lehrschwimmbecken der 1970 eröffneten Schwimmhalle / In the sport's center of Schwäbisch Gmünd: instructional basin of the indoor swimming pool, opened in 1970 / Au centre des sports de Schwäbisch Gmünd: bassin de cours de natation de la piscine couverte inaugurée en 1970

13 „Skyline“ von Schwäbisch Gmünd-Bettringen. Links Pädagogische Hochschule. Im Vordergrund das Schulzentrum Strümpfelbach / The skyline of Schwäbisch Gmünd-Bettringen. On the left, the teacher's college. In the foreground, the school center of Strümpfelbach / «Skyline» de Schwäbisch Gmünd-Bettringen. A gauche, l'Ecole Normale Supérieure d'Instituteurs. Au premier plan, le centre scolaire de Strümpfelbach

14 Reich an handwerklicher Erfahrung: im 17. Jahrhundert wurde Gmünd zur „Stadt der Gold- und Silberschmiede" / Rich in craftmanship: In the 17th century Gmünd became a "city of gold- und silversmiths" / Riche en expérience artisanale: Gmünd est devenue dès le 17ème siècle la «Ville des Orfèvres».

15 Im größten Industriebetrieb von Schwäbisch Gmünd: der Zahnradfabrik Friedrichshafen / In the largest industrial plant of Schwäbisch Gmünd, the gear factory "Zahnradfabrik Friedrichshafen" / Dans l'usine de roues dentées «Zahnradfabrik Friedrichshafen», la plus grande entreprise industrielle de Schwäbisch Gmünd

INA

16 Naherholungsgebiet oberes Remstal: „Schelmenklinge" bei Lorch / Nearby recreational area in the Upper Rems Valley: "Schelmenklinge" near Lorch / La vallée superieure de la Rems offre une région de détente: la «Schelmenklinge» près de Lorch.

17 Das Kalte Feld mit dem Segelfluggelände Hornberg / The "Kalte Feld" with the glider field Hornberg / Le «Kalte Feld» avec le terrain de vol à voile de Hornberg

18 Marke am alten Überlandweg vom Remstal zum Filstal: Reiterleskapelle / Sign on the old overland route from the Rems Valley to the Fils Valley: the "Reiterleskapelle" / Marque sur l'ancienne route de la vallée de la Rems à la vallée de la Fils: la «Reiterleskapelle»

19 Blick über Waldstetten zum Albtrauf mit dem Rosenstein / View across Waldstetten to "Albtrauf" with the Rosenstein / Vue sur Waldstetten jusqu'au «Albtrauf» avec le Rosenstein

20 Torturm des spätgotischen Kirchhofs von Heubach / Gate-tower of the Late Gothic churchyard in Heubach / Tour de la porte du cimetière gothique tardif de Heubach

21 Heubach unter dem Rosenstein, Stadt der Miederwarenindustrie, Treffpunkt und Ausgangsort der Albwanderer / Heubach below the Rosenstein, a manufacturing town of ladies' undergarments, meeting place and point of departure for hikers in the Alb / Heubach au pied du Rosenstein, ville de l'industrie corsetière, rendez-vous et point de départ de tous ceux qui aiment les longues promenades dans le Alb.

22 Ruine Lauterburg, romantisches Merkzeichen des Skizentrums Hirtenteich / Ruins of the Lauterburg, romantic landmark of the skicenter Hirtenteich / La ruine du Lauterburg, caractéristique romantique du centre de ski de Hirtenteich

23 Frauenschuh. Auch die Ostalb kennt mehrere Orchideenarten / Lady's-slipper. The Eastern Alb also has several varieties of orchids. / Sabot de Vénus. On trouve également de nombreux genres d'orchidées dans le Alb oriental.

24 Das Wental, vielbesuchtes Ausflugsziel auf dem Albuch / The Wental, a popular destination for an outing on the Albuch / La Wental, but très apprécié à l'Albuch

25 Bizarre Formen der verkarstenden Alb: das Wentalweible / Bizzare chalky formations on the Alb: the Wentalweible / Formes bizarres du Alb devenu rocheux: le Wentalweible

26 *Winterliche Heide am Steinheimer Becken, einem geologischen Rätsel / Wintry heath in the Steinheimer Becken, a geological puzzle / Lande en hiver près du Steinheimer Becken, un mystère géologique*

27 *Osterspaziergang im felsbestückten Eselsburger Tal / Easter walk in the rocky Eselsburger Tal / Promenade de Pâques dans la très rocheuse Eselsburger Tal*

28 Wohnhöhle der Eiszeitjäger: Irpfelhöhle westlich von Giengen/Brenz. In der Ferne die Türme der einstigen Freien Reichsstadt / Cave dwelling of Ice Age hunters: the Irpfelhöhle west of Giengen/Brenz / Grotte où habitaient des chasseurs à l'époque glaciaire: l'Irpfelhöhle, à l'ouest de Giengen/Brenz.

29 Die Stadthalle im modernen Schulzentrum von Giengen / The civic-center in the modern school center of Giengen / La salle des fêtes du centre scolaire moderne de Giengen

30 Die romanische Galluskirche in Brenz. Um 1230 / The Romanic Galluskirche in Brenz / La Galluskirche romane à Brenz

31 Schloß Brenz, Hofgalerie mit reicher Holzarchitektur. 1672 / Castle Brenz, the court gallery with rich woodwork / Le Château de Brenz, galerie dans la cour avec une riche architecture en bois

32 Tropfsteingebilde in der Charlottenhöhle bei Hürben / Stalactite formation in the cave "Charlottenhöhle" near Hürben / Stalactites dans la grotte «Charlottenhöhle» près de Hürben

33 Das alte Wahrzeichen des Brenztalmittelpunkts und der Kreisstadt Heidenheim: Schloß Hellenstein auf steilem Felssockel / The old landmark of the Brenz Valley and the district town of Heidenheim: Castle Hellenstein on its steep rocky base / L'ancien symbole du centre de la vallée de la Brenz et du chef-lieu de district, Heidenheim: le Château de Hellenstein sur un socle rocheux escarpé

34 Im Mittelalter ein befestigter Burgweiler, entwickelte sich Heidenheim im 19. Jahrhundert zur industriereichen Stadt, deren Gemarkung heute die Landschaften Albuch und Härtsfeld miteinander verbindet / In the Middle Ages a fortified hamlet with castle, Heidenheim developed into a town rich in industry during the 19th century / Hameau fortifié au cours du Moyen-Age, Heidenheim s'est transformée au 19ème siècle en une ville riche en industries.

35 „Kindle-Brunnen" taufte der Volksmund den alten Hofbrunnen auf Schloß Hellenstein / The old court fountain in Castle Hellenstein / L'ancienne fontaine du château de Hellenstein.

36 Heidenheims neues Rathaus wurde 1972 der Bürgerschaft übergeben / Heidenheim's new town hall was turned over to the townspeople in 1972 / Le nouvel hôtel de ville de Heidenheim a été confié aux citoyens en 1972.

37 Gestalterischer Eifer im Werkgymnasium Heidenheim / Creative zeal in Heidenheim's vocational secondary school / Zèle au Lycée Technique de Heidenheim

38 *„Treffer" unter Meistern. Ziel der Brenzstadt ist, ein modernes Fünfkampfzentrum zu werden / Champions scoring. The goal of the town of Brenz is to become a modern pentathlon center / «Réussite» par les champions. L'objectif de la ville située sur la Brenz est de devenir un centre moderne de pentathlon.*

39 Die rasch wachsende Stadt: Neubaugebiet in Heidenheim / A rapidly growing town: a new urban district in Heidenheim / La ville à croissance rapide: un nouveau quartier de Heidenheim

40 Voith-Turbinen und Voith-Papiermaschinen aus Heidenheim befinden sich in allen Erdteilen / Voith turbines and Voith paper-mill machines from Heidenheim can be found all over the world / Des turbines Voith et des machines Voith pour l'usinage du papier provenant de Heidenheim sont en service dans tous les continents.

41 Seit 5000 Jahren: einsamer Kampf des Albbauern mit steinereichen Böden / For over 5000 years: the lonely struggle of the Alb farmer with the stony ground / Depuis 5000 ans: luttle solitaire du paysan du Alb avec les sols pierreux

42 Harter Kontrast in Heidenheim-Mergelstetten / Hard contrast in Heidenheim-Mergelstetten / Contraste violente à Heidenheim-Mergelstetten

43 Rathaus in Königsbronn am Brenztopf, dem Ursprung der Brenz. Erbaut 1775 / Town hall in Königsbronn on the Brenztopf, the source of the Brenz. Erected in 1775 / Hôtel de ville de Königsbronn, près du Brenztopf, la source de la Brenz. Construit en 1775

44 Kocherursprung. Dem Kocher verdankt das Kochertal eine alte Papierindustrie / The source of the Kocher. The old paper industry owes a debt of gratitude to the water of the Kocher / Source de la Kocher. La vallée de la Kocher doit son ancienne industrie du papier à l'eau de la Kocher.

45 Der alte Industrieplatz Oberkochen entwickelte sich durch die Optischen Werke Carl Zeiss zur Stadt und zu einem Schwerpunkt der Industrieachse Kocher–Brenz / Through the Optical Works of Carl Zeiss, the old industrial town of Oberkochen developed into the center of the industrial axis Kocher–Brenz / Oberkochen, ancien centre industriel, est devenu une ville grâce aux usines d'Optique Carl Zeiss et l'un des grands centres de l'axe industriel Kocher–Brenz.

46 Das Rathaus in Oberkochen / Town hall in Oberkochen / Hôtel de ville à Oberkochen

47 Vorposten des Härtsfelds im Kochertal: Kirchberg von Unterkochen, eines neuen Stadtteils von Aalen / Kirchberg of Unterkochen, a new urban district in Aalen / Kirchberg à Unterkochen, un nouveau quartier de Aalen

48 Straßen- und Eisenbahnbrücke mit der 1972 geweihten Marienkirche in Aalen Süd / In South Aalen, the road and railway bridge with the Marienkirche, which was dedicated in 1972 / Pont routier et ferroviaire avec la Marienkirche consacrée en 1972 dans le quartier sud de Aalen

49 Blick über die Stadt Wasseralfingen mit Albanstieg zum Braunenberg, dessen Eisenerz 1670 die Industrialisierung des Kochertals einleitete. Im Vordergrund links SHW-Siedlung Westheim, nach rechts die Schwäbischen Hüttenwerke, am rechten Bildrand Teil der Alfing-Kessler-Werke. Wasseralfingen, einst Sitz der Ahelfinger, wurde 1951 zur Stadt erhoben / View across the town of Wasseralfingen with the ascent to the Braunenberg, whose iron ore in 1670 started the industrialization of the Kocher Valley / Vue sur la ville de Wasseralfingen avec la montée vers le Braunenberg dont le mineral de fer a ouvert les portes, en 1670, à l'industrialisation de la vallé de la Kocher.

50 Die ehemalige Freie Reichsstadt Aalen entwickelte sich durch den Schienen- und Straßenverkehr zum Knotenpunkt der Süd-Nord- und West-Ost-Linien. Blick nach Aalen-Unterkochen. Rechts unter dem Albtrauf die Siedlung Triumphstadt. Aalen ist Sitz des Landratsamts des Ostalbkreises, der am 1. 1. 1973 aus den Landkreisen Aalen und Schwäbisch Gmünd gebildet wurde / The former Free Imperial City of Aalen developed into a rail and road junction of the north-south and east-west lines. View towards Aalen-Unterkochen / L'ancienne ville impériale de Aalen est devenue, grâce au trafic ferroviaire et routier, l'une des plaques tournantes des lignes sud-nord et ouest-est. Vue sur Aalen-Unterkochen

51 Signale städtischer Geschichte: Barockturm der Pfarrkirche (1766) der evangelischen Reichsstadt Aalen, Dachreiter des Alten Rathauses mit dem „Aalener Spion“ (1636) und Turm der katholischen Stadtpfarrkirche St. Salvator (1913) / The baroque steeple of the parish church (1766), the ridge of the Old Town Hall with the "Aalener Spion" (1636) and the steeple of the Catholic parish church of St. Salvator (1913) / Tour baroque de l'église paroissiale (1766), lanterneau de l'ancien hôtel de ville avec le «Aalener Spion» (1636) et la tour de l'église catholique St. Salvator (1913)

53 Die Fachhochschule, früher Staatliche Ingenieurschule, in Aalen, rechts das 1972 erbaute 16geschossige Carl-Schneider-Studentenwohnheim / The Technical University in Aalen / Ecole technique superieure de Aalen

52 Gesellschaftlicher und kultureller Mittelpunkt für ein weites Umland: die Stadthalle von Aalen. Erbaut 1957 / Social and cultural focal point of farreaching surroundings; the civic-center in Aalen, finished in 1957 / Centre culturel et mondain pour un vaste région limitrophe: la salle des fêtes de Aalen, construite en 1957

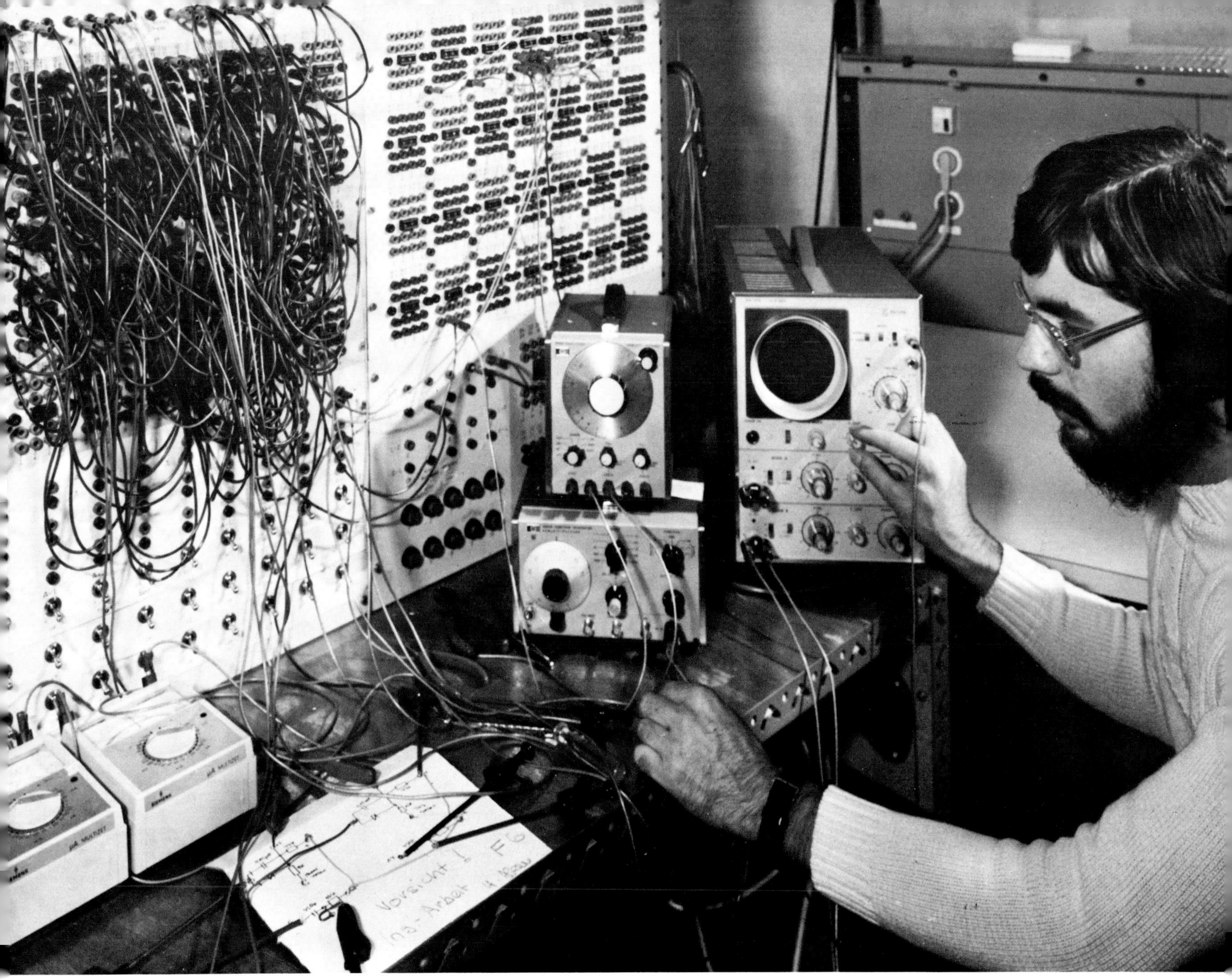

54 Feinwerktechnik, einer der Fachbereiche der Fachhochschule Aalen / Precision Mechanics, one of the departments at the TU in Aalen / La technique des mécanismes de précision est l'une des matières enseignées à l'Ecole technique superieure de Aalen.

55 Rekonstruierter Limesturm bei Buch-Schwabsberg. Diagonal durchzog die Nordgrenze des römischen Weltreiches den Ostalbkreis / Reconstructed Limes-tower near Buch-Schwabsberg. / Tour du Limes reconstruite près de Buch-Schwabsberg.

56 Das Limes-museum in Aalen, Zweigmuseum des Württembergischen Landesmuseums, dokumentiert die römische Periode des „Landes am Limes" / The Limes-Museum in Aalen, documents the Roman period of the "State on the Limes" / Le Musée du Limes à Aalen présente des documents concernant la période romaine du «pays près du Limes».

57 Im Werk Wasseralfingen der Schwäbischen Hüttenwerke / In the Wasseralfingen plant of the Schwäbische Hüttenwerke / Dans l'usine de Wasseralfingen des Schwäbische Hüttenwerke

58 Ein Blick in die 1911 gegründeten Alfing-Kessler-Werke / A glance into the Alfing-Kessler-Werke, founded in 1911 / Une vue dans les usines Alfing-Kessler-Werke, créées en 1911

59 Alte Tradition des SHW-Eisenkunstgusses: Platte des Ellwanger Barockmeisters Melchior Paulus „Jonas und der Walfisch", mit dem Bild des Ellwanger Schlosses / The old tradition of the SHW art of iron casting: "Jonah and the Whale" with Ellwangen Castle / Ancienne tradition de la fonte artistique SHW: «Jonas et la baleine» avec château d'Ellwangen

60 Altar des Ulmer Meisters Martin Schaffner in der Stephanuskirche in Wasseralfingen. Um 1530 / Altar by the Ulm Master Martin Schaffner in the Stephanuskirche, Wasseralfingen. Around 1530 / Autel du maître d'Ulm Martin Schaffner dans la Stephanuskirche de Wasseralfingen. Vers 1530

61 Burg Niederalfingen in Hüttlingen, Neubau der Fugger um 1600. / Castle Niederalfingen in Hüttlingen, rebuilt by the Fuggers around 1600. / Châteaufort de Niederalfingen à Hüttlingen nouveau bâtiment des Fugger vers 1600

62 Silvesterritt in der ehemaligen Deutschordensgemeinde Westhausen, alter Gelöbnisritt aus Anlaß einer Viehseuche / Silvester ride in Westhausen / Chevauchée de la Saint-Sylvestre dans Westhausen

63 *Schloß Kapfenburg, Sitz der Deutschordenskommende bis 1806 / Castle Kapfenburg, seat of the Teutonic order Kommende until 1806 / Château de Kapfenburg, siège de la commende de l'Ordre Allemand jusqu'en 1806*

64 *Das Obere Tor in Lauchheim von 1621 mit Wappen der Deutschordensherrn / The Upper Gate in Lauchheim from 1621 / La Porte Supérieure à Lauchheim datant de 1621*

65 Pietà und gotischer Turm der barockisierten Pfarrkirche von Röttingen / Pietà and Gothic steeple of the Röttingen parish church, which was remodelled in the baroque style / Pietà et tour gothique de l'église paroissiale de Röttingen réalisée dans le style baroque

66 Goldburghausen am früh besiedelten Rand des Rieses / Goldburghausen on the early colonized borderland of the Ries / Goldburghausen sur le bord du Ries, qui a été très tôt colonisé

67 Schloß Hohenbaldern. Das Barockschloß wurde 1718/37 vom Eichstätter Baumeister Gabrieli neu gestaltet. Ausstattung, Waffensammlung und Rundhorizont machen Baldern zum beliebten Ausflugsziel / Castle Hohenbaldern. This baroque castle was remodelled 1718–37 by the Eichstätt Architect Gabrieli. The furnishings, weapon collection and all-round view make Baldern a favorite destination for outings / Château de Hohenbaldern. Le château baroque a été modifié en 1718–37 par l'architecte Gabrieli de Eichstätt. Sa conception, sa collection d'armes et son horizon circulaire font de Baldern un but d'excursion apprécié.

68 Wallfahrtskirche „Maria im Roggenacker" in Flochberg 1741/43, als Zentralbau errichtet vom Wiener Baumeister P. U. Trientl / The church of pilgrimage "Maria im Roggenacker" in Flochberg, 1741/43 by the Viennese Architect P. U. Trientl / L'église de pélerinage «Maria im Roggenacker» à Flochberg construite en 1741/43 par l'architecte viennois P. U. Trientl

69 Der Ipf bei Bopfingen trägt die Spuren vorgeschichtlicher befestigter Siedlungen / The Ipf near Bopfingen bears traces of prehistorical, fortified settlements / Le Ipf près de Bopfingen porte les traces d'agglomérations fortifiées de l'époque préhistorique.

70 Erkundungs- und Wandergebiet: der Riesrand ist eine Fundgrube der Vor- und Frühgeschichte / Terrain for geological research and hiking: The borderland of the Ries is a storehouse of pre- and early history / Région d'explorations et d'excursions: la bordure du Ries est une mine de vestiges de la préhistoire et de la protohistoire.

71 Wacholderheide auf dem Härtsfeld / Juniper heath on the Härtsfeld / Lande avec genévriers sur le Härtsfeld

Otto Sperber

72 In Bopfingen. Eine aufstrebende Industrie macht die ehemalige Freie Reichsstadt an der bayerischen Grenze zum Mittelpunkt für das Vordere Ries und das nördliche Härtsfeld / In Bopfingen. A rising industry is turning the former Free Imperial City into the center of the Vordere Ries / A Bopfingen. Une industrie en plein essor fait de l'ancienne ville impériale située le centre de la région du Ries.

73 Die evangelische Pfarrkirche in Bopfingen besitzt einen bemerkenswerten Flügelaltar aus der Werkstatt des Nördlinger Meisters Friedrich Herlin. 1472 / The church in Bopfingen has a remarkable winged altar from the workshop of Friedrich Herlin. 1472 / L'église de Bopfingen possède un remarquable autel à triptyque provenant de l'atelier de Friedrich Herlin. 1472

74 Epitaph eines Grafen von Öttingen, Kirchheim-Ries. Um 1430. Standbild in der Klosterkirche / The Count of Öttingen, Kirchheim-Ries. / Le comte de Öttingen, Kirchheim-Ries.

75 Der ummauerte Bezirk des 1270 gegründeten Zisterzienserinnenklosters Kirchheim ist ein besonders lohnendes Kunstziel. / The walled section of the Cistercian monastery, founded in 1270, is an especially worthwile goal of art connaisseurs / La zone entourée de murs du monastère de cisterciennes de Kirchheim, fondé en 1270 est un but particulièrement apprécié par les amateurs d'art.

76 Kösingen, Härtsfeld. Altar von Dominikus Zimmermann / Kösingen, Härtsfeld. Altar by Dominikus Zimmermann / Kösingen, Härtsfeld. Autel de Dominikus Zimmermann

77 *Neresheim. Stadt und Klosterberg / Neresheim, town and monastery hill / Neresheim, ville et Klosterberg*

78 *Neresheim, Abteikirche. Fresko von Martin Knoller, 1770/73: Tempelreinigung / Neresheim, abbey fresco by Martin Knoller, 1770/73: The Cleaning of the Temple / Neresheim. Eglise abbatiale. Fresque de Martin Knoller, 1770/73: Nettoyage du temple*

79 *Werk eines Genies: Neresheims Klosterkirche, ein Bau von Balthasar Neumann (1745 ff.), ist die Krone des Härtsfelds / The work of a genius: Neresheim's monastery church, built by Balthasar Neumann (1745 ff), is the crown of Härtsfeld / Oeuvre d'un génie: L'église du couvent de Neresheim, une réalisation de Balthasar Neumann (1745 et suiv.), couronne de Härtsfeld*

80 *Burg Katzenstein, Gegenwart gebliebenes Mittelalter / Castle Katzenstein, medieval presence / Châteaufort de Katzenstein, présence d'un Moyen-age inoublié*

81 Gotisches Wandbild in der Burg Katzenstein / Gothic mural in Castle Katzenstein / Tableau mural gothique dans le château-fort de Katzenstein

82 Noch immer gehört die Schafherde zum Bild der Ostalb / A herd of sheep is still a familiar scene in the Eastern Alb / Les troupeaux de moutons font encore partie des images du Alb oriental.

83 Der Wald – einziger Reichtum des industriearmen Härtsfelds. Köhlerplatte bei Nietheim / The forest – the only wealth of the scarcely industrialized Härtsfeld. "Köhlerplatte" near Nietheim / La forêt – l'unique richesse du Härtsfeld, pauvre en industrie. «Köhlerplatte» près de Nietheim

84 Die Stadt als Kunstwerk: Ellwangen an der Jagst. Über der alten geistlichen Mitte der Kloster- und Bürgerstadt mit der romanischen Basilika thronen die Wallfahrtskirche Schönenberg und das Schloß des ehemaligen fürstpröpstlichen Stadtherrn / A town as a work of art: Ellwangen an der Jagst. The old spiritual center of the monastery- and burgher-town with its Romanic basilica is crowned by the church of pilgrimage Schönenberg and the palace of the former prince-provost overseer of the town / La ville comme chef-d'œuvre: Ellwangen an der Jagst. L'église de pélerinage Schönenberg et le château de l'ancien seigneur à la fois prince et prieur dominent le centre ancien de la ville avec sa basilique romane.

85 Der machtvolle Ost-Chor der Stiftskirche in Ellwangen / The imposing east-choir of the Stiftskirche in Ellwangen / L'imposant choeur de la Stiftskirche à Ellwangen

86 Weihnachtliche Mitternachtsmesse in der Basilika zu Ellwangen bei der Fernsehübertragung 1972 / Midnight mass at Christmas in the basilica / Messe de minuit de Noël dans la Basilique

87 Die Schönenbergkirche über Ellwangen, ein Mutterbau der oberschwäbischen Barockentwicklung und berühmtes Wallfahrtsziel Schwabens. 1681/95 und 1729 / Church Schönenberg above Ellwangen, an early example of baroque architecture in Upper Swabia and a famous place of pilgrimage in Swabia. 1681/95 and 1729 / L'église de Schönenberg domine Ellwangen, c'est un bâtiment qui servira d'exemple pour l'évolution du style baroque de Souabe supérieur; il constitue un lieu de pélerinage réputé de la Souabe. 1681/95 et 1729

88 Das Schrezheimer Altärchen, eine Kostbarkeit des Fayence-Kunsthandwerks. Um 1780 / The little Schrezheim altar, a jewel of Fayence artistic craftmanship. Around 1780 / Le petit autel de Schrezheim – une œuvre précieuse de l'artisanat spécialisé dans le travail de la faïence; vers 1780

89 Zwischen Wäldern und Weihern: Wört im Nordosten des Ostalbkreises / Between forests and ponds: Wört in the northeastern region of the Eastern Alb / Entre les forêts et les étangs: Wört au nord-est de la région oriental du Alb

90 Wälder und Weiher kennzeichnen auch den Nordwesten mit der Landmarke Hohenberg / Forests and ponds also characterize the Northwest with the border landmark Hohenberg / Forêts et étangs caractérisent également le nord-ouest.

91 Erholungsland der Zukunft. Der Kressbachsee, ein Badesee der Ellwanger Seenplatte / Recreational area of the future. "Kressbachsee", a lake of the Ellwanger Seenplatte / Région de vacances et détente de l'avenir. «Kressbachsee», un lac du Ellwanger Seenplatte

92 Seltenheit unter den Kirchen: zweischiffige gotische Chorturmkirche in Tannhausen / A church rarity: Gothic choir-tower church in Tannhausen with two naves / Une œuvre rare parmi les églises: Eglise de Tannhausen gothique à deux nefs et à tour dans la région du choeur

93 Kirche (1711) und Schloß Hohenstadt über dem Kochertal / Church (1711) and Castle Hohenstadt above the Kocher Valley / Eglise et château de Hohenstadt audessus de la vallée de la Kocher

94 Malerische Anmut: Kochertal bei Untergröningen / Picturesque grace: the Kocher Valley near Untergröningen / Charme pittoresque: la vallée de Kocher près de Untergröningen

95 Wachtposten von einst: Schloß Untergröningen / A sentinel of former times: Castle Untergröningen / Poste de garde d'autrefois: le château de Untergröningen

96 Schloß Laubach an der Lein. 1599 / Castle Laubach on the Lein. 1599 / Le château de Laubach an der Lein. 1599

97 Kirchengestühl selbstbewußter Bauern der Barockzeit in Täferrot / Church pews of self-assured peasants during the baroque period in Täferrot / Chaises d'église de paysans conscients d'eux-mêmes, provenant de l'époque baroque à Täferrot

98 Fachwerkschlößchen in Leinzell / Half-timbered castle in Leinzell / Petit château à colombages à Leinzell

99 Zwischen Wiese und Wald: Luftkurort Gschwend im Schwäbischen Wald mit den Erholungsgebieten Frickenhofer Höhe und Hagberg / Between meadow and forest: climatic health ressort Gschwend in the "Schwäbischer Wald" / Entre les prés et les forêts: station climatérique Gschwend dans le «Schwäbischer Wald»

100 Fernblicke und Idyllen kennzeichnen das Gebiet von Gschwend / Distant views and pastoral scenes characterize the area around Gschwend / Panoramas et paysages idylliques caractérisent la région de Gschwend.

101 Abend in einem erholsamen Land zwischen Seen und Wäldern / Evening in a refreshing countryside between lakes and forests / Le soir dans une région reposante entre les lacs et les forêts